D0974266

Christa Wolf
Voraussetzungen einer Erzählung: Kassandra
Frankfurter Poetik-Vorlesungen

Luchterhand

Sammlung Luchterhand, März 1983
6. Auflage März 1984

© 1983 by Hermann Luchterhand Verlag GmbH & Co KG,
Darmstadt und Neuwied
Alle Rechte für die Bundesrepublik Deutschland, West-Berlin,
Österreich und die Schweiz beim Hermann Luchterhand Verlag
Darmstadt und Neuwied
Lektorat: Ingrid Krüger
Umschlaggestaltung: Kalle Giese, Darmstadt
Umschlagmotiv: Ullstein Bilderdienst
Gesamtherstellung bei der
Druck- und Verlags-Gesellschaft mbH, Darmstadt
ISBN 3-472-61456-0

Diesem düsteren Geschlecht ist nicht zu helfen; man mußte nur meistenteils verstummen, um nicht, wie Kassandra, für wahnsinnig gehalten zu werden, wenn man weissagte, was schon vor der Tür steht.

Goethe

Meine Damen und Herren,

»Poetikvorlesungen« heißt dieses Unternehmen, aber ich sage Ihnen gleich: Eine Poetik kann ich Ihnen nicht bieten. Meinen Verdacht, daß ich selber keine besitze, konnte ich mir durch einen einzigen Blick ins »Lexikon der Antike« bestätigen. »Poetik«: Lehre von der Dichtkunst, die, im fortgeschrittenen Stadium – Aristoteles, Horaz – eine systematische Form annimmt, und deren Normen seit dem Humanismus in zahlreichen Ländern »weithin Gültigkeit« erlangen. Der Weg zu neuen ästhetischen Positionen, lese ich, führe über die Auseinandersetzung mit diesen Normen, in Klammern: Brecht. Ich spotte ja nicht, und ich leugne selbstverständlich den Einfluß nicht, den herrschende ästhetische Normen auf jeden haben, der schreibt (auch auf jeden, der liest und der die verinnerlichten Normen seinen persönlichen Geschmack nennt). Aber den wütenden Wunsch, mich mit der Poetik oder dem Vorbild eines großen Schreibers auseinanderzusetzen, in Klammern: Brecht, habe ich nie verspürt. Dies ist mir erst in den letzten Jahren merkwürdig geworden, und so kann es sein, daß diese Vorlesungen nebenbei auch die gar nicht gestellte Frage mit behandeln, warum ich *keine* Poetik habe.

Hauptsächlich aber will ich Sie bitten, mir auf eine Reise zu folgen, im wörtlichen wie im übertragenen Sinn. Ich bin in den letzten ein, zwei Jahren einem Stichwort nachgegangen, das hieß: KASSANDRA, und ich hatte Lust (sie verging mir zwischendurch, kam wieder), dieses eine Mal in groben Umrissen die Wege nachzuzeichnen, die das Wort mich führte. Vieles, das meiste vielleicht und Wichtigstes, bleibt ungesagt, auch wohl ungewußt, und das Gewebe – das übrigens, *falls* ich eine Poetik hätte, als ästhetisches Gebilde in ihrem Zentrum stünde – das Gewebe, das ich Ihnen nun vorlegen will, ist nicht ganz ordentlich geworden, nicht mit einem Blick überschaubar, manche seiner Motive sind nicht ausgeführt, manche seiner Fäden verschlungen. Es gibt Einschüsse, die wie Fremdkörper wirken, Wiederholungen, nicht bis zu Ende bearbeitetes Material. Dies ist nicht immer Absicht: Die Souveränität über den Stoff habe ich mir selbst erst erarbeiten müssen, und ich mache Sie zum Zeugen dieses Arbeitsvorgangs. Ich mache Sie auch zum Zeugen eines

7

Vorgangs, der meinen Seh-Raster verändert hat, aber dieser Prozeß hat erst angefangen, und ich empfinde selbst scharf die Spannung zwischen den Formen, in denen wir uns verabredungsgemäß bewegen, und dem lebendigen Material, das meine Sinne, mein psychischer Apparat, mein Denken mir zuleiteten und das sich diesen Formen nicht fügen wollte. Wenn ich ein poetologisches Problem jetzt schon formulieren darf, so ist es dieses: Es gibt keine Poetik, und es kann keine geben, die verhindert, daß die lebendige Erfahrung ungezählter Subjekte in Kunst-Objekten ertötet und begraben wird. Sind also diese Kunst-Objekte (»Werke«) auch Produkte der Entfremdung innerhalb dieser Kultur, deren andere perfekte Produkte zum Zweck der Selbstvernichtung produziert werden?

Ich bin also persönlich vorgegangen. Ich beobachte verschiedene subjektive Formen bei der Arbeit, die sie leisten können, die ich in ihnen leisten kann. Die *erste* und die *zweite Vorlesung*, zwei Teile eines *Berichts über eine Griechenlandreise*, bezeugen, wie die Kassandra-Gestalt von mir Besitz ergreift und ihre erste vorläufige Verkörperung erfährt. Die *dritte Vorlesung* versucht in Form eines *Arbeitstagebuchs* die Verklammerung zwischen Leben und Stoff nachzuzeichnen; in der *vierten Vorlesung*, *einem Brief*, frage ich nach der historischen Wirklichkeit der Kassandra-Figur und nach den Bedingungen weiblichen Schreibens, früher und heute. Die *fünfte Vorlesung* ist eine *Erzählung* unter dem Titel: Kassandra.* Meine übergreifende Frage richtet sich auf, genauer: gegen das unheimliche Wirken von Entfremdungserscheinungen auch in der Ästhetik, auch in der Kunst.

* Diese Erzählung erscheint gleichzeitig mit den hier vorliegenden Poetik-Vorlesungen Christa Wolfs in einer gesonderten Ausgabe des Luchterhand Verlages. D. Vlg.

Erste Vorlesung
Ein Reisebericht über das zufällige Auftauchen und die allmähliche Verfertigung einer Gestalt

> Die Stadt kannst du wechseln, den Brunnen nicht.
> (Chinesisches Weisheitsbuch)

Unbewußt, was ich suchte, und nur, weil es sündhaft gewesen wäre, diese Gelegenheit zu versäumen, wollte ich also nach Griechenland. Schrieb »Tourismus« als Reisegrund in die Formulare, verschwieg jedermann, auch mir selbst, daß ich ihrem Rücklauf und ihrer Verwandlung in gültige Visa – ein undurchschaubarer Vorgang – mit Seelenruhe entgegensah, habe Vorfreude mehr vorgetäuscht als empfunden und mich überhaupt in ironischer Verfassung gehalten (. . . »das Land der Griechen mit der Seele suchend . . .«!); habe mich unter dem Vorwand, Eindrücke unvermittelt genießen zu wollen, nur schwach mit Kenntnissen ausgerüstet und mich dann nicht sehr über meinen Lachanfall gewundert, als wir durch ein Versehen der Fluggesellschaft die uns bestimmte Maschine nach Athen verpaßten.
Von jetzt an konnte es interessant werden. Heiter liefen wir die Flughafentreppe wieder hinunter. Nicht das Gesetz, der Zufall würde unsere Reise regieren, ein selbstherrlicherer Herrscher, unberechenbar, schwer zu durchschauen, kaum zu überlisten, nicht zu kommandieren. Zufall – flüchtiger Stoff, ohne den keine Erzählung auskommt, die »natürlich« wirken will, aber wie schwer dingfest zu machen. Ein Taxi. Die Klammern des Unabwendbaren lockerten sich. Dieses eine Mal griffen die Prämissen, die das für jede Lebenssekunde vorbestimmte Ergebnis produzieren, nicht ineinander, sondern ins Leere; Moira, das Schicksal, suchte uns vergebens in der Maschine, die soeben in Athen landete; unauffindbar, nicht registrierte Schattengestalten ohne Gepäck, fuhren wir durch die Straßen von Berlin, Hauptstadt der DDR; fremd, seltsam berührt, unerkennbar gingen wir durch eine unerkennbare Stadt, aßen im Palasthotel ostasiatisch für das Geld, das auf der Zoll- und Visa-Erklärung festgelegt war, holten Opernkarten und erzählten uns auf der belebten

Friedrichstraße die Geschichte vom geschenkten Tag. Unter Beobachtung von Vorsichtsmaßregeln schlichen wir uns in unsre eigne Wohnung ein, die leer war; schliefen; sahen abends befremdet *Die Entführung aus dem Serail*, uns mühsam der Übereinkünfte entsinnend, an die man sich halten muß, wenn der Zauber wirken soll. Noch konnten wir nicht ahnen, daß wir Text und Melodie der letzten Zeilen vier, fünf Wochen lang nicht mehr loswerden würden: »Wer diese Huld nicht schätzen kann,/ den seh man mihit Veherachtung an.«

Am nächsten Vormittag, in der leeren Wohnung, in die kein Anruf, kein Brief sich mehr verirrte, begann ich die »Orestie« des Aischylos zu lesen. Ich konnte mir noch zusehen, wie ein panisches Entzücken sich in mir ausbreitete, wie es anstieg und seinen Höhepunkt erreichte, als eine Stimme einsetzte:

Oh! Oh! Ach!
Apollon! Apollon!

Kassandra. Ich sah sie gleich. Sie, die Gefangene, nahm mich gefangen, sie, selbst Objekt fremder Zwecke, besetzte mich. Später würde ich danach fragen, wann, wo und von wem die nötigen Übereinkünfte getroffen waren: Der Zauber wirkte sofort. Ihr glaubte ich jedes Wort, das gab es noch, bedingungsloses Vertrauen. Dreitausend Jahre – weggeschmolzen. So bewährte sich die Sehergabe, die ihr der Gott verlieh, nur schwand sein Richtspruch, daß ihr niemand glauben werde. Glaubwürdig war sie mir in einem andern Sinn: Mir schien, daß sie als einzige in diesem Stück sich selber kannte.

Undistanziert, nach dem Grund von Ergriffenheit nicht fragend, fragte ich auch nicht, was die Absicht des Aischylos mit dieser Figur gewesen sein mochte, gewesen sein konnte. Ehe Kassandra den Mund auftut, haben wir erfahren: Der Krieg gegen Troia ist aus. Der König, der die Achäer anführte und vor dessen Burg Mykenae wir stehen, Agamemnon, wird von seiner Frau Klytaimnestra und von den Greisen, die zu Hause bleiben mußten, nach zehnjähriger Abwesenheit zurückerwartet. Er kommt, auf dem Siegeswagen neben ihm sitzt Kassandra, die Troerin, Tochter des Troerkönigs Priamos, der tot ist, wie ihre Brüder und die meisten ihrer Schwestern tot sind. Troia ist zerstört, und sie hat dies alles vorausgesagt, doch ihre Landsleute haben ihr nicht geglaubt. Jetzt erlaubt sie sich, den Fremden, die sie umstehn, vorauszusagen, ihr eigner König, der gerade von seiner Frau Klytaimnestra genötigt wurde, auf dem Purpurteppich des Siegers in seine Burg zu gehn, werde von eben dieser Frau ermordet werden. Den Fluch, der auf dem Hause der Atriden liegt, hat sie sofort gerochen. Der Chor der argivischen Greise wundert sich: Sie folgt nicht der noblen Einladung der Klytaimnestra, am Opfer teilzunehmen, das drinnen vorbereitet wird. Man weiß nicht: Versteht sie überhaupt das Griechische?

Chor: Komm, Kassandra! Geh hinein
             Steig ab von deinem Wagen, füge dich dem Joch!
Kassandra: Apoll! Apollon!
             Wegführer! Du!
             Den andern allen
             Gibst du Schutz!
             Und mich vernichtest du,
             Apoll,
             Zum zweiten Mal!

Der Chor wundert sich wiederum: Spricht Gott durch einen Sklavenmund? Wie kann diese Sklavin gegen Anstand, Regel und Sitte ausgerechnet dem Apoll mit Klagen nahn? – Flüchtig taucht mir die Frage auf: Ist es vielleicht ein anderer Apoll, den die Troerin von Kleinasien anruft, als der, den die Griechen auf dem Festland verehren? Da schreit sie schon wieder, fügt Unpassendes zu Unpassendem, ein »Menschenschlachthaus« nennt sie das Haus des Agamemnon, auf das sie angewiesen ist. Worauf die Greise, die sie zuerst mit einem »neugefangnen Wild« verglichen, dann ihr Mitleid beteuert haben, nun anfangen, mißtrauisch zu werden, zurückhaltend:

So findig wie der Spürhund auf der Fährte
Ist die fremde Frau.
Schon wittert sie, wonach sie forschte:
Mord.

Da denken sie ganz heutig, die Greise vor mehr als zwei Jahrtausenden, ein Hund, kein Mensch, ist's, der ausgräbt aus der Vergangenheit ihres Königshauses, was sie alle wissen: Kindermord und Menschenfraß. Es geht zu weit, daß die fremde Gefangene es hier auf offenem Platz herausschreit:

Seht da! Die Zeugen! Rot von Blut!
Schreiende Kinder! Säuglinge!
Das Schlachtfest!
Da! Das Fleisch gebraten.
Das der Vater . . . frißt!

Ganz fraglos könnte der Chor der überwältigten Seherin die Namen zu ihren Alp-Gesichten nennen: Atreus, des Agamemnon Vater, der seines Bruders Thyestes Kinder schlachtet und ihr Fleisch dem Vater vorsetzt: Derartiges scheint in Kleinasien auch bei Thronstreitigkeiten nicht der Brauch zu sein; aber nein. Nun verbieten die patriotischen Greise der unbefugten fremden Frau den Mund:

Schweig still!
Wir wissen, daß du deine Seherkunst verstehst.
Aber wir brauchen keine Prophetie:
Hier nicht!

Auf wessen Seite steht eigentlich dieser Aischylos? Oder versucht er das Kunststück, einem jeden gerecht zu werden. Zwischen ihm und dem früheren Homer, der die Kunde vom Troianischen Krieg weitergab, liegen mindestens dreihundert Jahre. Das Nachwort belehrt mich, daß Aischylos im Jahr 456 vor unserer Zeitrechnung für die »Orestie« den ersten Preis im Tragödienwettstreit von Athen errang. Und die Ereignisse, auf die er sich bezieht, verlieren sich, wie seine Gestalten, in der Dämmerung des Mythos. Da mag, denke ich, Gerechtigkeit dem Tragöden nicht so schwer geworden sein.

Wir schreiben den 20. März 1980. Der Zufall, Tyche, hat mich in den Bannkreis eines Blicks gebracht. Ich weiß nicht, wer von Himmlischen oder Irdischen sich die Hände reiben mag, wie ich da, abgefertigt von Paß- und Meldewesen und vom Zoll, gehindert, durch irgendeine Tür hinauszugehn, seit Stunden eingesperrt im Transitraum des Flughafens Berlin-Schönefeld sitze, den Aischylos auf den Knien, angewiesen auf eine Maschine der Syrian Airlines, die noch immer nicht in Kopenhagen abgehoben haben soll, umgeben von jungen Westberliner Frauen und Ehepaaren, die vor Ostern von Schönefeld aus billiger nach Athen kommen wollen und deren Kinder den Transitraum in ein Spiel- und Sport-Center umfunktioniert haben. Wie ein grobes Netz hängen des Aischylos Zeilen mir vor Augen, durch dessen weite Maschen ich eine Gestalt sich regen sehe, in einer Art, die schwer zu benennen ist. Bescheidwissend, könnte ich sagen. Ich sehe sie die Insignien ihres Standes ablegen:

Fort mit dem Seherstab! Gelächter und Gespött!
Fort mit der Priesterbinde um das Haupt!
Fort! Fort! Noch lebe ich, und breche diesen Stock entzwei.
Den Kranz hinunter, bring er einer andern Glück!
Seht ihr? Apollon zieht das Priesterkleid mir aus:
Sehr lange trug ich es, und voll Geduld.

Und ich fühle ihr eine Erleichterung ab, die vielleicht durch ihre bloßen Worte nicht zu belegen ist. Einer drückenden Berufung endlich ledig zu sein, nichts dem Gott mehr schuldig (»Jetzt führt der Seher seine Seherin zum Beil«), nichts ihren Landsleuten (»Sie haben Ilion zerstört. Ich hab's gesehn, wie es geschah«); unberufen, wenn auch nicht vom Zwang zu »sehen« frei, schuldet sie noch sich selbst – was eigentlich? Selbsterkenntnis, Distanz, Nüchternheit glaube ich, bei innigster Betroffenheit, aus ihrer Stimme herauszuhören. Etwas wie Triumph? Ist sie nun denen überlegen, die sie einst auslachten – »Freund und Feind!« – und sie Törin, Bettlerin, Lügenzauberweib, wahnwitzig, elend, Hungerleiderin genannt haben? Klagt sie die an? Gewiß nicht. Ihr Ton ist nicht rachsüchtig. – Ich scheine mehr von ihr zu wissen, als ich beweisen kann. Sie scheint mich schärfer anzusehen, schärfer anzugehen, als ich wollen kann.

Die kleineren Kinder, vier, fünf Jungen im gleichen Alter, haben sich ihre Spielzeugwaffen vorgeführt, sind dann in Minigruppen zerfallen, die einander bekämpfen und rasen, Salven schießend, die Gänge zu den Abfertigungstoren entlang. Als es um Groschen und Markstücke für den Telefonapparat ging, haben wir unsere Identität als einzige DDR-Bürger unter den Passagieren aufdecken müssen. Inzwischen hat ein zwölfjähriges Mädchen herausgefunden, daß der zweite Apparat nicht mit Münzen gespeist werden muß, um zu funktionieren, und nun ist er von Halbwüchsigen umlagert, die hemmungslos mit Freund oder Freundin in New York, Athen oder Stockholm telefonieren. Wenn wir, wie in Aussicht gestellt, gegen 22 Uhr 20 abfliegen sollten, wären wir gegen zwei Uhr in Athen. Die Stimme von C.,

13

über den ersten Apparat, sehr fern und verzagt: Kommt ihr wirklich? Der Tisch ist schon lange gedeckt.

Zum letztenmal nimmt die müde Bedienerin am Getränkebuffet Bestellungen an, gegen Devisen natürlich, dann schließt auch sie, löscht das Licht über der Theke. Wir sind uns selber überlassen und unserm Zweifel, ob es außerhalb dieses kahlen hellen Transitraumes noch etwas anderes gibt: einen Flughafen, eine Stadt, zu der er gehört, ein Land, andere Länder, den Kontinent. Ob da wirklich eine Maschine, die, wie man von einer Geisterstimme hört, in einer Stadt namens Kopenhagen durch eine Dienst-nach-Vorschrift-Aktion des zu gering entlohnten Flugpersonals aufgehalten wurde, sich nun durch die Nacht zu uns durchschlägt, einem Häufchen zufällig zusammengewürfelter Gestrandeter, zu dem wir, wäre es mit rechten Dingen zugegangen, nicht gehören dürften. Und das Telefon, das »ohne Geld geht« – ist es nicht im Komplott und spielt, vielleicht mit Hilfe komplizierter Tonbandeinrichtungen (heutzutage ist doch alles möglich, glauben Sie nicht?), seinen Benutzern Stimmen vor, die eine Außenwelt simulieren, während in Wirklichkeit –

Kassandra vor dem Tor von Mykenae (ich seh es nicht: das Löwentor? Das Tor des Palastes im Innern der Ummauerung?):

Ihr Todespforten seid gegrüßt.

Nur eines bitt ich noch, ein einziges:

Daß mich der Streich des Todes nicht verfehle,

Damit ich schnell und ohne Zucken sterben kann.

Ich betrachte die jungen Frauen um mich herum: Kennen wir nicht alle diesen Wunsch? Für uns und unsre Kinder? Was, wenn die dreifach gesicherten Türen zum Flugplatz, die sich endlich doch einmal öffnen werden, in wüstes Gelände führen? War da nicht ein Landegeräusch?

Chor: Wie kannst du denn so ruhig wie ein
                          gottgetriebenes Tier
             Zum Blutstein gehn?

Kassandra: Die Zeit ist reif, ihr Freunde, und der Tod ist nah.
             Auch noch die letzte Stunde hat Gewicht.
             Sie ist schon da, und Flucht hat keinen Sinn.
             Dein Elend läßt dich tapfer sein.
             Vielleicht. Das Glück braucht keinen Mut.

Wie, auf welche Weise, geschah es ihr, das Zusammenbrechen aller Alternativen? Daß ihr nur dieser eine Weg noch bleibt, den sie sich nicht schleifen läßt, den sie selber geht. Laßt mich! Ich muß hinein! Lebt wohl. Und dann ein »Irrtum« des Aischylos. Nie hätte sie gesagt: Auch drinnen kann ich/Agamemnons Los beweinen. – Agamemnon – der letzte in der Reihe der Männer, die ihr Gewalt antaten (der erste war Apoll, der Gott) – ihn beweinen? Da müßte ich sie schlecht kennnen.

Die Kinder toben wie die Irren. Einer hat sich von den anderen abgesondert, ein superschlauer dicklicher kleiner Angeber, der läuft bei den Müttern herum und teilt ihnen mit: Die sagen zu mir immer »Nutte«. Da die Mütter nicht reagieren – wie progressiv sie alle sind! –, verfolgt er die Kleineren, bis einer von ihnen hinstürzt, sich schlimm den Kopf stößt, von seiner Mutter aufgehoben und getröstet wird. Der kleine Angeber, ungerührt (mein Gott, auch dieser Junge wird einmal zum Mann): Den hab ich gescheucht, der hat zu mir immer »Nutte« gesagt. Unser gemeinsames Lachen macht uns miteinander bekannt. Sigrid. Eines späteren Abends werden wir in einer Athener Taverne nebeneinander sitzen und gebratene Hammelrippchen essen. Ihr griechischer Freund, ein Schriftsteller und Neuübersetzer des Aischylos, hat die Nacht durch mit unserem griechischen Freund in Athen auf die gleiche Maschine gewartet. Sie hat mit uns, er hat mit ihm die gleichen Telefonnummern ausgetauscht. Tyche, der Zufall.

Kaum noch erhofft: Ein schmales Türchen auf das Flugfeld öffnet sich. Als ich sitze: durchsichtige, überreizte Wachheit statt der ersehnten Müdigkeit. Eine Boeing. Zwei Stewards, zwei Stewardessen, die den Anweisungen ihrer männlichen Kollegen folgen. Die eisern geschlossene Gruppe der syrischen Reisenden, die nicht daran denkt, auch nur von einem ihrer Plätze wegzurücken, damit ein Westberliner Ehepaar mit seinem adoptierten vietnamesischen Kind – »Thomas« – zusammensitzen kann. Die verblühten, tiefschwarz gekleideten Frauen der Syrer, die den Winken ihrer Männer bedingungslos gehorchen: Wie eine von diesen, eine der jüngeren, hätte Kassandra aussehen können; keine von ihnen aber könnte heute, nach so vielen Jahrhunderten, sprechen wie sie (was haben sie ihnen inzwischen angetan?):

Das Leben ist vorbei: O meine Freunde.
Doch ich will nicht klagen,
Wie der Vogel im Gesträuch.
Der Vogel, der aus Furcht von Sinnen ist.
Nach meinem Tod sollt ihr bezeugen,
Daß ich tapfer war . . .

Einer der Syrer klappt, ohne Rücksicht auf die Sitzenden, alle Mantelfächer über den Sitzreihen auf und zu, auf und zu, mir fällt nichts ein, womit ich ihm meinen Zorn ausdrücken könnte, als er bei uns ist, sich hochreckt, aufklappt, zuklappt, nicht findet, was er sucht. Dänen, blond, bleich und zurückhaltend, sind ja auch in der Maschine. Die Kinder aus dem Transitraum toben im Mittelgang. Eine Arche.

Nun führt der Seher mich, die Seherin, hierher,
Daß meine Schuld ich zahle, – her zum Untergang!

Welche Schuld? Was meint der griechische Dichter? Oder was läßt er sich, ohne es eigentlich zu meinen, da durchgehn? Ist nur von jener frühen Schuld die Rede, als sie den, wie man nun sieht, rachsüchtigen Gott betrog? Dem Chor der Greise, die doch auch eines biederen Mitgefühls fähig sind, hat sie es gestanden:

Kassandra: Es gab Apollon mir, der Seher, dieses Amt.
Chor: Apoll, sagst du? Dann . . . liebte dich der Gott?
Kassandra: Ein Ringer, der beim Kampfe stöhnt:
           Blind vor Begierde warb Apoll um mich.
Chor: Du . . . warst vereint mit ihm?
Kassandra: Nein, ich versprach es ihm. Jedoch – ich log.
Chor: Und warst schon Seherin?
Kassandra: Ja, schon verhieß ich meinem Volke jedes Leid.
Chor: Und wie bestrafte dich der Gott?
Kassandra: Was ich auch sagte: niemand glaubte mir.
Chor: *Wir* glauben dir: Nur allzu wahr klang uns dein
           Wort.
Kassandra: O weh doch, weh doch, weh!
           Die Qual des Sehens reißt mich wieder fort.

Unwahrscheinlich, daß in »Wirklichkeit« Kassandra diese Schuld hat meinen können. Ich denke sie mir frei von Gottesfurcht. Doch eine andre »Schuld« mag ihr zu schaffen machen: daß sie imstande war, sich so weit außerhalb des eignen Volks zu stellen, daß sie sein unheilvolles Schicksal »sah«; der in den Kampf bedingungslos Verstrickte sieht ja nichts. Das »Sehen« aber, das ihr auferlegt ist, scheint wie ein Anfall über sie zu kommen.

Daß mir der Steward unbewegten Gesichts ein tiefgefrostetes Steak serviert, empört mich mehr als nötig. Es ist ein Uhr nachts, der Humor scheint nicht mit an Bord zu sein. Selten, denke ich, war ich in einer Menschengruppe, in der jeder jedem so unendlich gleichgültig ist. Neben mir sitzt eine junge Lehrerin aus Hessen, die alles über Griechenland weiß, einer Mitreisenden im Handumdrehen jede gewünschte Flug-, Bus- und Bahnverbindung herausgesucht hat und dann mit dem dänischen Maler ins Gespräch kommt, der den Platz am Bullauge hat. Drei Monate im Jahr, höre ich, verbringt er auf einer kleinen ägäischen Insel. Im Urzustand, sagt er, anders kann er überhaupt nicht mehr. Das versteht nun wieder die junge Lehrerin wirklich. Und dann hören sie nicht mehr zu reden auf, und ich frage mich, was mich eigentlich hindert, laut loszuschreien. Daß sie ruhig sein sollen. Daß der Steward mein lauwarmes Steak wieder abholen soll. Daß die Kinder sich hinsetzen sollen. Daß die Syrerinnen nicht immer in diesen geschlossenen Gruppen zur Toilette gehen sollen.

Kassandra hat diesen Gott, oder was immer er war, natürlich geliebt, eben deshalb mußte sie ihn abweisen, als er zudringlich wurde. Abendländische Frauenlogik? Eher Männerlogik, siehe Aischylos. Warum aber hat sie, indem sie sich zur »Seherin« ausbilden ließ, einen Männerberuf gewählt. Warum wollte sie werden wie die Männer. Wieso war eigentlich »Seher« ein Männerberuf. Immer schon? Oder seit wann? Und sind das überhaupt die Fragen, die Kassandra aus Mythos und Literatur herauslösen können?

Das Bildungswesen, sagt die Lehrerin, sei eine einzige Katastrophe. Es nehme den Kindern jede Aussicht auf Selbstrealisation. Aber das findet sie doch wahnsinnig interessant, daß der Maler selbst bei Zehnjährigen noch Kreativitätswillen habe wecken können. Denn, höre ich, doch dann versäume ich die Brücke aus Sprachfertigteilen, die zu dem Reizwort »Atomkraft« führt. Das ewige, ermüdende, zu nichts führende Geplätscher unserer Zivilisation. – Kaffee in Plastebechern. Ein Glas Wasser. Im

Flugzeug beginnt die Zone, in der man dankbar ein Glas Wasser annimmt.

Was war Priamos, Kassandras Vater, für ein Mann? Und wie war ihre Mutter Hekabe, die überaus mit Söhnen Gesegnete, zu ihren wenigen Töchtern? Wie hat denn diese Königstochter in Troia, ihres Vaters Stadt, gelebt? – Ich merke schon: Die werd ich nicht mehr los, sie ist mir angehext, gibt es denn keinen Einspruch gegen diesen Spruch? Wieso eigentlich unterwirft sie, die Barbarin, sich dem griechischen Gott? Wer nannte doch – war es nicht Marx? – das griechische Altertum die »Kindheit« des abendländischen Menschen? Sind Kinder in so vielschichtige Gewissensprobleme verstrickt, daß wir, die Über-Alten, sie geradewegs verstehn?

Fasten seat belts please. No Smoking. Der letzte Trupp syrischer Frauen drängt sich auf die Sitze, ohne daß ihre Männer ihnen im mindesten dabei behilflich sind. Die Lehrerin wird den Maler auf seiner einsamen Insel besuchen. Sehr seltener Schiffsverkehr, sagt er. Kassandra steigt von Agamemnons Beutewagen und geht auf das »Tor des Hades« zu. Was sie als letztes sagt, könnte keine griechische Zeitgenossin des Aischylos sagen, die ja nicht einmal im Theater, geschweige in irgendeiner öffentlichen Einrichtung, Sitz und Stimme hat; es ist einer Frau unangemessen:

O Menschenschicksal, wenn es glücklich ist, könnt man
Es einem Schatten gleichen; das mißlungene –,
Ein feuchter Schwamm fährt drüber hin und löscht es weg!
Und mehr als jenes tut mir solch Verlöschen weh.

Was will sie denn: unsterblich sein? Als Frau? Woran erinnert sich der Grieche dunkel, wenn er solche Frauen schafft?

Wir landen um zwei Uhr nachts. Der erste Grieche, der uns neben unserm Freund erwartet, heißt Dionysos. Zum erstenmal, halb betäubt vor Müdigkeit, steigen wir im Dunkeln in das Gefährt, das später in Griechenland unser zweites Zuhause werden soll und dem ich nicht gerecht werden könnte, wenn ich es jetzt, nur um vorläufig ein Wort zu haben, »Kleinbus« nennen würde. In meiner Erinnerung gibt es an der Straße vom Flughafen zur Innenstadt von Athen ein Dutzend Lampenhäuser, bizarre Lichtinseln in der fahlen Morgendämmerung. Dann, ohne Übergang, die eine helle Lampe über dem runden Tisch im winzigen Zimmer von N. und C., der Freunde. Ein Tisch, mit Speisen dicht besetzt, von denen wir, übermüdet, nur kosten können. Das griechische Mahl. Der erste Schluck Retzina auf griechischem Boden. Wir, in der Dunkelheit von einem Tisch an den anderen versetzt, wissen nichts von der Kellertaverne an der Ecke, aus deren mächtigen in die Wand eingelassenen Fässern der dunkle hagere Kellner diesen Wein abfüllt, nichts von dem Gewirr enger Straßen um dieses Haus, nichts von den kleinen vollgestopften Geschäften, in denen C. das Mehl für die Pita, das Gemüse für die Füllung, den Ziegenkäse für den Salat kauft; wir haben keine Apfelsinen- und Olivenbäume gesehen, deren Früchte wir essen. Willkommen in Athen.

Aus wie vielerlei Blutsmischung sind wir gemacht, die wir, von Gastfreundschaft bezaubert, um den Tisch sitzen. Griechische, türkische, rumänische, deutsche, polnische Vorfahren haben ihren Anteil an uns. Wie bei diesen allen, muß ich denken, in grauer Vorzeit das Gastmahl aufkam, mit dem ersten bescheidenen Überfluß, den ein Clan dem anderen mitteilte, nicht ohne eine Gegengabe zu erwarten. Wie für die alten Griechen die Entführung der Helena durch Paris, den Troerjüngling, gerade deshalb ein Grund zum Krieg sein mußte, weil es sein Gastfreund Menelaos war, dem Paris die Gattin raubte. Ahnte Homer, ahnten die anderen Überlieferer des troianischen Sagenkreises, daß sie, dem Mythos folgend, an der Verschleierung der Tatbestände teilhatten? Daß der Kampf der Achaier gegen die Troer – wer immer das war – um Seehandelswege gegangen ist, um den Zugang zum Bosporus, den Troia kontrollierte? So beginnt die Literatur des Abendlands mit der Verherrlichung eines Raubkrieges. Wer aber wollte sich Homer weg- oder in einen realitätsgetreuen Historiographen umwünschen?

Welchem Volk hat Kassandra angehört? Der Chor bei Aischylos, auch Klytaimnestra, vermuten, daß sie des Griechischen nicht mächtig ist. Doch sie läßt selber keinen Zweifel. Als der Chorführer ihre gräßliche Weissagung, daß Agamemnon des Todes ist durch die Hände seiner Frau, überhört haben will, dringt sie in ihn:

Was ich geweissagt, mißverstehst du es so ganz?
Und doch versteh ich eure Griechensprache wohl.
Welches ist ihre Muttersprache?

19

Die Stadt, auf die wir spät am nächsten Morgen die ersten Blicke warfen, blieb mir eine Verlegenheit, weil ich in ihr nichts zu suchen hatte. Details aus Bildern, Ausschnitte des täglichen laufenden Films konnten passieren; Katzen, die durch die Dachlandschaft des bröckelnden Hauses gegenüber strichen. Der Obsthändler im Erdgeschoß des Nachbarhauses, dessen Auslagen ich von oben betrachtete. Eine hellblaue Jalousie, die ich von unserem winzigen Balkon aus sah, einmal fest geschlossen, einmal halb hochgezogen, dann wieder mit aufgeklappten Lidern. Endlich am dritten Tag eine schwarzhaarige hellhäutige Frau, die eine grellfarbige Decke ausschüttelte. Der stumme verkniffene Hausverwalter, der mit uns in der Fahrstuhlzelle auf und nieder fuhr. Im Laden linkerhand aus dem Dunkel hinter den Auslagen – Nüsse, Gebäck, Brot – immer die gleichen geduldigen mondhaften Gesichter der beiden Schwestern. Die gewalttätige Ausfallstraße, die unser Viertel der engen Gassen und kleinen Läden vom Nationalpark trennt, wo in dem dunklen Laub die Pomeranzen glühn. Einmal gelangten wir nachts, an duftendem Gebüsch vorbei, bis an den Fuß der Akropolis, die ich tagsüber in der tiefblauen Luft hatte schwimmen sehn, ein Luftschiff, ja, kleiner übrigens, als erwartet, hoch über den Häusern, in denen die Menschen wohnen, überraschend fiel sie in einen Straßenzug ein, warum sollte man nicht sagen, was von einem erwartet wurde: schön. Wer wollte das Monstrum sein, das die Akropolis von Athen kalt ließ.

Inmitten von Touristen ging ich über den Syntagma-Platz und sah lange zu, wie die beiden Gliederpuppen-Soldaten vor dem Regierungsgebäude in absurder Zeitlupe, unter grotesken Mützen, mit steif geschultertem Gewehr holzschuhklappernd aufeinander zu und voneinander weg stolzierten. Mein Zwang, mir die Städte aufzuzählen, durch die ich so schon gegangen war; der Vers und die Melodie, die mir im Kopf staken: Wer diese Huld nicht schätzen kann, den seh man mihit Verachtung an, bis ich sie auf Mario, den kleinen Jungen von Dyonisos, übertragen konnte, der kein deutsches Wort verstand, mir aber diese Strophe jedesmal abverlangte: Sing das deutsche Lied noch mal!

Der Geist des Ortes hielt sich zurück. Besichtigungen, das hätte ich wissen können, machten mich taub. Am Sonntag noch, auf der Fahrt nach Piräus – was wollten wir in dem überfüllten, rasenden Omnibus? –, sah ich nichts als Einstellungen aus spanischen Farbfilmen, die ich mir gewaltsam einprägte: Diese beiden jungen Männer in ihren olivfarbenen und kobaltblauen Anzügen in dem dunkelgrünen Garten hinter der weißen Mauer, die von einem Gittertor unterbrochen war, das den Blick auf das zierliche Gartentischchen freigab, an dem die beiden sich niederließen, um, wenn ich diese Filme und diese Einstellungen richtig begriffen hatte, zu den grellfarbenen Getränken, die sie aus bizarren Gläsern trinken, zynische sinnlose Gespräche zu führen. Sogar der mächtige Küstenbogen, in dem der Hafen lag: willentlich rief ich seinen Namen mehrmals in mir auf: Piräus Piräus – kein Echo. Unzahl der Schiffe und Völkerschaften, die sich über die Jahrtausende dieser Bucht genähert haben. Jetzt sitzen wir hier unter Sonnensegeln, vor uns Platten mit den köstlichsten Fischen. Teuer, teuer. N. hat recht, wir kennen noch nicht den Wert des Geldes, das man hier bezahlt. Der steifschüchterne Engländer hinter uns, der sich der Zigeunerinnen mit ihren riesengroßen kunstvoll gestickten Decken nicht erwehren kann.

Wie alt ist Kassandra geworden? Fünfunddreißig? Hatte sie das Gefühl kennengelernt, vieles, zu vieles überlebt zu haben? Neu war mir die Frage, ob vielleicht Gleichgültigkeit der Preis des Überlebens ist. Die am wenigsten Willkommene, die Fremde, in der man am sichersten verlorenginge, sicherer noch als in Ohnmacht und Schuld. Nein, sagte ich der jungen Zigeunerin, nicht aus der Hand lesen. Nicht wahr, sagte C., man will das Schlimme gar nicht wissen. Ich aber fürchtete an jenem Mittag an der fremden Küste, unter der hellen griechischen Sonne, nichts mehr als den Spruch, mir stünde nichts bevor. Wie war ich bei meiner ersten Grenzüberschreitung hellwach gewesen, gierig auf die ersten Worte in einer fremden Sprache; wie hatte mich die erste ausländische Stadt gefesselt. Durch Liebe, kein Wunder, hörte ich das ironische Echo in mir, an das ich mich auch schon gewöhnt habe. Die ist von dieser Stadt nicht zu erwarten. Das Wunder der Selbsterneuerung – von keiner mehr. Auf totem Stein gehen sollen, zwischen stumm aufgerichteten Steinwän-

21

den, unter stummen Himmeln, die nichts bedeuten – dies Orakel schien mir unabwendbar und unannehmbar. Man kann auch zu spät nach Griechenland kommen.

Nicht nur die Sieger, auch die Opfer sind zur Akropolis hochgezogen, Mensch und Tier. Auf den Altären der Tempel, die übereinandergelagert, nebeneinander gesetzt sind, haben sie einander abgelöst, das Lamm den Jüngling, das Huhn die Gefangene. So auch die Götter: der frühere, die frühere immer auch das Opfer des späteren. Ganz zuunterst, am Fuße der Bastion des Athena-Nike-Tempels, das Heiligtum der Erdgöttin Gea, verschüttet, zugedeckt, überbaut, unsichtbar uns Späteren. Dafür die Nachbildung der Kolossalstatue der Pallas Athene des berühmten Phidias in Elfenbein und Gold, mit Helm, Schild, Speer und Brustpanzer bestückt, die verkleinerte Statuette der Siegesgöttin Nike in der Linken, mächtig und kalt. Mutterlos. Mit Schild und Speer als ein böser Gedanke dem Haupt des Vaters Zeus entstiegen. Niemals gottverlassener, denke ich, und ihrer Natur entfernter als in dem kostbaren Götzenbild des Phidias. Trost- und meist ahnungslose ameisenhafte Zudringlichkeit der Touristen, die, wie ich selbst, auf Marmorblöcken ausruhen, gleißender scharfkantiger Stein, glatt unter der Hand. Daß die Dinge zu mir sprechen sollten, löst ihnen nicht die Zunge, die Farbschnappschüsse, die N. macht, werden auch zu Hause meine Phantasie nicht in Bewegung setzen. Natürlich, auf der Akropolis sind wir auch gewesen. Und? Mächtige Geröllhalde. Herrliche Ausblicke auf eine übrigens durch das Bauen zerstörte Stadt. Und eine vorher nicht erlebte Blendung durch reflektiertes Licht, doch, auch schon im April.

Und dann tritt man, traten wir, vor die Koren vom Erechtheion, die im Museum auf der Akropolis vor der totalen Zerstörung sichergestellt sind. Sie stehen da in einem Halbrund, blicken auf uns Betrachter herab und weinen. Der Stein weint, halten Sie das nicht für eine Metapher. Über die Gesichter der steinernen Mädchen sind Tränen geströmt, die sie zerfressen haben. Etwas, stärker als Kummer, hat sich in diese schönen Wangen eingegraben: saurer Regen, vergiftete Luft. Mögen diese Gesichter ehemals blick- und ausdruckslos gewesen sein – unser Jahrhundert hat ihnen seinen Ausdruck aufgenötigt, den der Trauer, der, als bekäme ich von innen her einen Stoß, in mir ein Echo findet. Alles, was durch Trauer mitbewegt wird, beginnt sich zu rühren, Zorn, Angst, Grauen, Schuld, Scham. Ich bin angekommen. Ich verstehe diesen Stein- und Knochenberg. Ich verstehe die überfüllte, hastige, mordlüsterne, Rauch und Abgase ausstoßende, dem Geld nachstürzende Stadt, die in Jahren einholen will, was einige ihrer westlichen Schwestern mehr als ein Jahrhundert gekostet hat. Ich verstehe: Ihr, der heutigen Stadt Bedürfnis und das Bedürfnis der steinernen Mädchen, die in gelassen-stolzer Haltung mehr als zweitausend Jahre lang den Baldachin über dem Grab des Schlangenkönigs und Athengründers Kekrops trugen, waren nicht miteinander zu vereinbaren. Koren, die Mädchen, einst die Fruchtbarkeitsgöttin Persephone mit ihrer Tochter, später zu Balkenträgerinnen herabgekommen, jetzt unfruchtbar ins Aus gestellt. Soll ich mich dagegen wehren, daß sie mir nicht nur, solange ich in Griechenland bin, immer wieder als Sinnbilder vor meinem inneren Auge erscheinen? Soll ich versuchen, den »Sinn« zu benennen, für den sie stehn, der aber ein Unsinn ist? Die Barbarei der Neuzeit. Die Frage, die mich aufstört: Gab es, gibt es eine Alternative zu dieser Barbarei? Das Thema jetzt schon anschlagen?

Die Stadt, die sich selber frißt. Ein Zwang ist über mich gekommen. Sind die blicklosen Augen jener Koren mir geöffnet worden? Mit diesen uralten brennenden Augen trieb ich nun durch die Stadt und sah die heutigen Menschen, meine Zeitgenossen, als Nachfahren. Jene junge Frau, die an der Tür des Ladens lehnt, in dem sie türkischen Honig und orientalische Gewürze verkauft, eine Nachfahrin jener Achaierinnen, die zehn Jahre ihres Lebens verwartet hatten, als die Helden aus Troia zurückkamen, und die, schwacher Trost, für die Koren Modell gestanden haben mögen. Jene Männer, die in der unvergleichlichen, von strengen Meeresgerüchen geschwängerten Fischhalle den zuckenden Fisch mit einer schnellen scharfen Bewegung auf die Holztische werfen und ihn mit kleinen Beilen töten, mit scharfen Messern zerhacken – Ur-Urenkel der seefahrenden frühen Griechen. Zerfurchte braune Bauerngesichter in den Fleischhallen, in denen die abgezogenen und zerteilten Opfertiere reihenweise ausgeblutet an Fleischhaken hängen; wer waren ihre Ahnen: Thessalier? Makedonier aus dem Troß des Großen Alexander? Hinter einem dampfenden duftenden Kastanienrost, Pfeife rauchend, ein Türke. Die schmalen dunklen Mädchen, die aus einem düsteren Schultor auf die blendend helle Straße herauslaufen, kenne ich von Abbildungen der kretischen Minoer, und der Straßenhändler mit seiner fahrbaren Goldschmuckvitrine ist in Gestik und Gesichtsschnitt ein Italiener, der seine Herkunft von venezianischen Kaufleuten und Soldaten ableitet, die im Mittelmeerraum kolonisierten. Alle trieben sie mir in der eiligen Menge entgegen, vom Omonia-Platz weg, dem wir zustrebten. Ihre Augen kriegte ich nicht zu fassen. Außer den paar dreisten blanken Männerblicken, die eine Frau hier durch einfaches Sich-Aufrichten abzuwehren lernt, kein Versuch, einander anzusehen. Stadt-Monaden, dachte ich, wer hat sie abgefeuert, um welchen Kern kreisen sie, was hält sie zusammen. Die Jagd nach der Drachme, sagt N. Der Eigennutz. Daß einer den anderen brauche, ihm etwas zu verkaufen, ihn übers Ohr zu hauen, ihn anzuzapfen, ihn auszusaugen. Und der Omonia-Platz sei, über und unter der Erde, ihr Jagdzentrum. Und das Zentrum des Zentrums, in dem es still ist wie im Herzen des Wirbelsturms, war die Taverne, in der wir saßen. Kühles Grottenlicht, wie in allen griechischen Tavernen, von den blaugrün gestrichenen Wänden her, ein Licht, das die fieberhaft Eintretenden sofort abzukühlen und zu beruhigen scheint. Ihrer eingefleischten Ungeduld kommen die Kellner durch flinke Bedienung entgegen, schon steht das in breite Stücke geschnittene frische Weißbrot, schon stehn Tomaten, grüne Gurken, Oliven, Öl und Essig auf dem Tisch, das Viertel Retzina für jeden, ein Duft breitet sich aus, hinter der Theke brät man auf offenen Pfannen die Fische und das Fleisch, und der Wirt, klein, massiv, gravitätisch, begrüßt mit würdigem Nicken den Gastfreund. Das Mahl ist bereitet, erweise dich seiner wert. Die Würde des Essens in Ländern, in denen es nicht selbstverständlich ist, daß jeder jeden Tag satt wird, in denen Gewinnsucht die Geste der Gastfreundschaft noch nicht ganz verdrängen konnte, die man, selbst wenn sie berechnet sein sollte, gerne entgegennimmt. Um wie vieles mehr sind wir Fremden darauf angewiesen, wir, der Worte hier nicht mächtig, unfähig, auch nur

Firmenschilder zu entziffern, abhängig von Bildern, Gesten, Gerüchen.

Aber ist es nicht gerade das Wort, das die Herrschaft über unser Inneres angetreten hat? Macht sein Fehlen nicht, daß ich mir verlorengehe? Wie schnell wird Sprach-losigkeit zu Ich-losigkeit? Merkwürdiger Einfall: Eine Kassandra, träte sie auf – und es gibt sie, dem Erscheinungsbild nach, unter den Frauen hier –, ich würde sie, da ich ihre Rede nicht verstünde, nicht erkennen; falls sie, wie die frühe Kassandra, in Rage geriete – ich würde es nicht beurteilen können, ob einer dieser geschniegelten Polizisten mit seinen weißen Handschuhen sie mit einem gewissen Recht begütigend, doch auch mahnend, zurechtweisend, am Oberarm festhielte, sie aus dem Kreis der Neugierigen herausführte, die hier durch Aufgeregtheit teilnehmender scheinen als in nördlicheren Städten, und sie jener Ambulanz überlieferte, die in einer der Nebenstraßen schon wartete. Eine abergläubische Scheu hindert mich, mit ihrem Kopf zu denken und in meiner Sprache auszudrücken, was sie sagen würde: Es gälte nicht nur für die eine Stadt. So wie sie einst imstande war, dem Hause der Atriden über den Tod des Agamemnon, über den eignen Tod hinaus, den Untergang zu prophezeien, durch Orest, den totgeglaubten Sohn:

> Doch ungesühnt soll unser Tod nicht sein,
> Ein anderer wird kommen, der uns rächt:
> Der Muttermörder, der die Täter sühnen läßt,
> Als Flüchtling und als Bettler, heimatlos kommt er zurück,
> Um auf die Frevelmauer des Geschlechts den letzten Stein zu
> legen.

Prophetenglaube ist, denke ich, großenteils Glaube an die Kraft des Wortes. Wie auf einer Anfechtung ertappe ich mich bei der Zuversicht, dieses fremde Chaos hier, dem ich mich stärker ausgeliefert fühle als zu Hause, könnte um Worte herum eine geordnete Struktur annehmen, wie Eisenspäne um einen Magneten. Die Zentrierung um den Logos, das Wort als Fetisch – vielleicht der tiefste Aberglaube des Abendlands, jedenfalls der, dem ich inbrünstig anhänge. So daß die Sprachunmächtigkeit allein mir eine Ahnung möglicher Schrecken des Exils heraufruft. Unselige Gewohnheit, fremde Städte als denkbare Lebensorte anzuprobieren – wann fing sie an? Die Frage nach dem Zeitpunkt, an dem Heimatgefühl verlorenging. (Der Augenblick, der in Kassandras Leben die Einsicht bedeutet haben muß, daß ihre Warnungen sinnlos waren, weil es das Troia, das sie retten wollte, gar nicht gab. Ihr Pech. Was zum Teufel konnte Troia dafür?)

Die Fäden, die uns mit unseren Verbindlichkeiten verknüpften, mußten irgendwann gerissen sein, als wir in unserer Arche über dem Balkan trieben. Wann? Wo? Nicht auszumachen. Der Ausdruck, mit dem N. sich in der Taverne umsah, zeugte von seiner Empfindlichkeit für die feinsten Schwingungen dieser Innenwelt. Ich sah ihn Witterung aufnehmen: Wieweit war die Fremde schon wieder Heimat, die Heimat noch Fremde? Nahm sie ihn an? Roch sie an ihm den Fremdgeruch und verschloß sich vor ihm? Hatte die Emigration ihn nicht unfähig gemacht, sich in diesem Gewässer über Wasser zu halten? Irrte ich mich, oder mußte er sich innerlich der alten Frau annehmen, die, abgerissen, abgehärmt, mit kleinen Sträußchen von Tisch zu Tisch ging? Maiglöckchen, ach, Maiglöckchen. Eine Welle von Sehnsucht nach einem schattig-feuchten Platz unter einem Rhododendronstrauch in einem mecklenburgischen Vorgarten. Was sagt die Frau? Ihr Mann ist krank, sagt N. unwillig, als könnte sein Unwille den Mann gesund machen. Die Frau ging ihm nahe. Exil, dachte ich wieder, das heißt: gerettet und auf nichts bezogen sein. Der wievielte Kreis der Hölle? Während jene drei Zigeunerinnen in ihren langen bunten Röcken, den grell schimmernden Blusen, den Fransentüchern, die sich an einem Tisch nahe der Tür niederließen, ihren Bezugskreis mit sich führten, der also nicht Haus, Hof, Besitz, ein Ort, ein Land und eine bestimmte Sorte Himmel sein mußte wie bei uns Seßhafteren. Wie fest und endgültig gebunden war aber erst jener Mann mit Hut und Aktentasche, der nun eintrat – jeden Mittag um die gleiche Zeit, ließ N. uns wissen –, nicht mehr der Jüngste, doch noch im Amt; einer, der sich bis zuletzt aufrecht halten würde (der etwas steife Stolz, sah ich, mochte er nun in seiner Natur liegen oder eines Tages aus einem freien Entschluß heraus entstanden sein, war dieses Mannes Herberge und Käfig); der sich nah bei der Theke an einen Tisch stellte, gemessen den Wirt grüßte, achtungsvoll wiedergegrüßt wurde, während der Kellner ihm schon das Glas Ouzou auf seinen Tisch stellte, das er sofort, jedoch mit Würde, auf den letzten Tropfen leerte, worauf er eine Münze auf den Tisch legte, mit zwei Fingern am Hut den Wirt grüßte, der sich mit einer Verneigung bedankte, und ging. – Zwei Minuten, sagte G., die aber jeden Tag. Das ist es wohl.

Und nicht die Spur von Ironie in den großen und kleinen Gesten dieses Volkes. Uns vergeht das Reden, als wir wieder auf der Straße sind, gezwungen, am Nachmittagsverkehr teilzunehmen, wenn sich der Kampf ums Überleben aus den Büros und Betrieben auf die Straße verlagert. Einmal trifft mich der Blick einer aus Stein gehauenen Medusa, des scheußlichen Gorgonenhaupts, doch zu versteinern habe ich inmitten der Menge keine Zeit. Die Wirkung der alten Verwünschungen scheint aufgehoben; beinah erstickend in der verpesteten Luft der überfüllten Busse, erschöpft, schweißüberströmt, können wir nichts mehr wünschen, als daß dies ein Ende habe. Durch Versteinern? Und wenn schon. Ob wir merken, fragt N., wie sich einem das Abgasgemisch auf die Brust lege. Das ist es also, was mir auf der Brust liegt, das Abgasgemisch, tröstlich zu wissen. Beinahe könnte man es für einen Alpdruck halten, der doch auch aus den Wünschen der Menschen gemacht sein muß; nur daß die ihnen, irgendwo zwischen Wunsch und Erfüllung, von ihren boshaften Göttern ins Maßlose, Schauderhafte, Fratzenhafte verdreht und verhext worden sind. Was heißt bei euch Glück? – Ephtichía, sagte N., der gute Zufall. Sehr schön, sage ich. Ein Satz wie »Glück hat auf die Dauer nur der Tüchtige« könnte unter diesem Volk nicht aufkommen. So haben sie auch, seit Homers, seit Aischylos' Zeiten, Unglück nicht als Schuld beschreiben können. Wie großzügig von dem griechischen Tragöden, die Unheilsprophezeiung für das frühgriechische Königshaus der gefangenen Barbarin in den Mund zu legen.

Welche Prophezeiung könnte uns noch überraschen, uns Ach- und Wehrufe entlocken wie dem Chor der argivischen Greise die Ankündigung, daß sein König gerade von seiner Königin geschlachtet wird? Sind wir nicht jenseits aller Verkündigungen und Prophezeiungen, also jenseits der Tragödie?

Zu Hause, bei N., in der winzigen Küche das heiße besessene

Flüstern von C. Geschickt, flink, freihändig wie die Griechinnen schnitzelt sie über dem Spülstein das Gemüse, die Kräuter, wäscht Tomaten, Gurken, Lauch, Petersilie, Spinat, Zwiebeln, Knoblauch, schlitzt die Arme des Tintenfischs auf, wäscht sie, legt sie in siedendes Öl, die Küche fängt an zu dampfen und zu duften, das Gazefenster zum Lichtschacht wird aufgestoßen, die Füllung für die Pita, Spinat und Quark, wird gemischt, der Teig gewalkt und mit dem besenstieldünnen Rundholz ausgerollt, zusammengeschlagen, wieder ausgerollt, dünner, noch dünner, bis an den dünnsten Stellen das Licht durchschimmert, hoffentlich stört es euch nicht, daß wir kein Fleisch haben. C. greift mit fliegenden Händen nach Töpfen und Pfannen, ich lege meine Hände auf die ihren: Ruhig, bitte. Aber sie kann nicht ruhig sein. Nicht ich bin es, die hinter ihr steht; hinter ihr steht die Frau. Du weißt nicht, wie sie ist, sagt sie, aber es ist ihr inniger Wunsch, daß jemand es weiß, daß jemand ihren Tageslauf unter der Fuchtel der Frau kennt; das vornehme Viertel; die unglaublich teuren Villen, die riesigen Zimmer, die Unmengen schmutziger Wäsche, die frechen Kinder, das Essen, das auf die Minute fertig sein muß, wenn die Chefin aus dem Geschäft kommt – Kunstgewerbe und Goldschmiedearbeiten, das Teuerste vom Teueren, du, glaub mir, die denkt nur an Geld. Ihr ist es ganz egal, was ihr Mann macht, wirklich. Auch was die Kinder machen. Die krieg ich noch, die essen schon meinen deutschen Apfelkuchen gern. Die Großmutter auch. Du, weißt du, was die zu mir sagt? Meine Tochter ist eine böse Frau. Ernsthaft. Und zweimal die Woche den großen, das ganze Haus umgebenden Marmorbalkon scheuern, dazu zwingt sie sie, mit einer scharfen Lauge, davon werden ihr die Fingerspitzen wund, und von dem gleißenden Licht auf dem Balkon werde ich beinah blind. Kannst du dir das vorstellen? – Soll ich sagen: Ja, seit ich auf der Akropolis war? – Geh da weg, sage ich. Was soll sein, eine Geschäftsfrau, die dich ausbeutet. – Glaubst du? sagt C. Ich weiß nicht. – Allmählich gelingt es ihr, mich zu infizieren. Ein Weib zwischen Ungeheuer und Göttin steht mir vor Augen, wenn ich an »die Frau« denke, ein weiblicher Vamp, dem nicht zu verfallen ausgeschlossen ist, eine mir bisher unbekannte Unterart der weiblichen Gattung. Der Tintenfisch ist gar, die Pita im Ofen. Den Salat mische ich in dem Augenblick, in dem Antonis klingelt. Zu der Telefonstimme gehört also ein Mann, der Antonis heißt, der alles für uns bedenkt, alles regelt, sich um alles kümmert. Der jeden hier kennt und seine Tage damit verbringt, für uns mit einem Dutzend Leuten zu telefonieren. Zu viert sitzen wir um den runden Tisch, der das ganze sogenannte »Mittelzimmer« der winzigen Wohnung ausfüllt. Anstelle des braunen Tischtuchs hat C. ein weißes aufgelegt, das Geschirr reicht genau für vier. Der Retzina, den N. in einer Zwei-Liter-Flasche aus der Eck-Taverne geholt hat, ist kalt. Wir reden.

Mit Worten, Fragen, Bekenntnissen tiefer eindringen, als das Auge es kann, aber doch anhalten vor jenen Fragen, welche die Sympathie einem eingibt: Antonis, was ist dir? Seine weit aufgerissenen Augen, wie in einem Dauerschrecken erstarrt, die Beweglichkeit des von Falten und Fältchen gezeichneten Gesichts, die nicht aufhaltsame Unruhe der Hände. Was hat er gesehen? Was sucht er festzuhalten? Was entgleitet ihm? Ist er, was er scheint: ein Gesandter der Götter, die diese Stadt regieren, zugleich ihr Opfer? Sein angespanntes gehetztes Gesicht – weshalb sollten die Erinnyen ihn jagen, einen Mann wie ihn? Was zehrt an ihm? Ob wir ihn im Fernsehen gesehen hätten: wie er die Regierung wegen ihrer Sozialpolitik kritisiert habe. Wie sie ihn – mitten in einer Live-Sendung! – einfach ausgeblendet hätten, als er zu scharf wurde; wie nenne man das im Deutschen? Weg vom Fenster, sagen wir, und N. übersetzt. Sehr gut, sagt Antonis. In Deutsch zu schreiben, das muß auch Spaß machen. Ob seine Bücher bei uns gelesen würden. Ob es Rezensionen gebe. Wir müßten sie ihm unbedingt schicken. Zwei seiner Bücher sind um die Welt gegangen. Wozu braucht er Rezensionen. Das Wort »zermalmt« fällt mir ein. Ein Mensch, auf den eine zu schwere Last gefallen ist.

Nachts liegen wir wach, alle vier. Diese Hitze. Diese Angst. Sehr früh höre ich C. aufstehn, sich leise fertigmachen, gehn. Die Frau muß ihr ihre Befehle erteilt haben, ehe sie selbst zum Geschäft geht. Sie prahlt vor ihren Bekannten damit, daß eine Deutsche bei ihr arbeitet. Sonst arbeiten Griechen bei Deutschen.

Frau Tharsos, die uns »etwas Besonderes« zeigen will, ist

Deutsche, lebt aber schon vier Jahrzehnte in Griechenland, verheiratet mit einem griechischen Professor. Sie fährt uns nach Norden, durch Wälder, Wälder. Irgendwo biegt die Straße nach Marathon ab, unser Ziel ist Oropos. Hierher komme sie immer mit Bekannten aus Deutschland; doch die jüngeren Leute, ob wir ihr da zustimmen könnten, hätten keinen Sinn für Sehenswürdigkeiten, die einen nicht anspringen. Überhaupt habe ihr ja nun ihr griechischer Schwiegersohn den Umgang mit ihren Enkeln verboten . . . Schweigen. Und ihre Tochter, frage ich schließlich. Ach, die Tochter. Wissen Sie, wie das ist, mit einem griechischen Mann verheiratet zu sein? Der dem, was er seine Ehre nennt, alles opfert? – Schweigen. – Ihre Tochter habe sich für ihren Mann entschieden, genau wie damals sie selbst. – Schweigen. – Und Ihr Mann, Frau Tharsos? – Ach, mein Mann. Mit dem darf ich kein Wort mehr über meine Tochter und den Schwiegersohn reden. Da geht er einfach aus dem Zimmer. Über seine Arbeit kann ich auch nicht mit ihm reden. Über Politik auch nicht. – Schweigen. – Und worüber reden Sie mit Ihrem Mann? – Über die anderen Kinder. Den Sohn, die Tochter, die in Deutschland studieren. Mit einem Griechen kann man nicht viel über Menschen reden, wissen Sie. Ein Mensch ist für ihn »gut« oder »schlecht«, und damit basta. Ich lese viel, wissen Sie. Und gebe ein paar Deutschstunden. Nein, akzentfrei ist mein Griechisch heute noch nicht.

Frau Tharsos denkt, wir wüßten, was ein Amphiareion ist, aber wir wissen es nicht. Sie gibt dem Alten, der in einem Bretterhäuschen am Eingang sitzt und sie kennt, einen Obolos und wechselt ein paar Sätze mit ihm. Nein, er muß uns nicht begleiten. Ja, sie kenne sich aus. Seine Pfeife rauchend, setzt der alte Mann sich wieder auf seine Holzbank. An ihn habe ich oft denken müssen. Wochenlang, hören wir, sitzt er in der Vor- und Nachsaison hier, ohne einen Menschen zu sehn. Was bewacht er? Ein von einem Drahtzaun umgebenes Gelände von grün überwachsenen antiken Trümmern, allermeist viel zu schwer, um gestohlen zu werden. Nach dem Sinn seines einsamen Hiersitzens darf er sich gar nicht fragen, das tut er auch nicht. Sein Amt, das er pünktlich versieht – eine Tätigkeit kann man es ja nicht nennen –, ist sinnfrei, nicht sinnlos. Was Langeweile ist, scheint er nicht zu wissen. Die Natur verändert sich langsam unter den Jahreszeiten. Nicht immer sind Wolken am Himmel, denen er nachblicken kann. Wird er ein Teil der Natur? Sinniert er? Aber worüber? Er ist, sagt Frau Tharsos, ein freundlicher, zufriedener Mensch. So ist die Behörde auf den richtigen Wächter gerade für dieses Heiligtum verfallen. Mag sein, daß der Geist des Ortes ihn geformt hat. Wie könnte ein zerrissener, von Unruhe geplagter Mann die Zukunftsgewißheit, aber auch Ruhe suchenden Patienten zum Amphiareion einlassen? Ja, sagt Frau Tharsos, Sanatorien haben die alten Griechen schon gekannt.

Vor allem aber kannten sie den Zusammenhang zwischen seelischen und körperlichen Leiden, auch den zwischen dem Befinden eines Menschen und seinen Zukunftsaussichten. Und wer sonst ist schon begierig, seine Zukunft zu kennen, als ein Mensch, der nicht im Gleichgewicht ist. Er wird hierher wallfahrten, an diesen berühmten Ort, den die besseren Geister aufsuchen. Wird seine Drachme entrichten und wird angenehm berührt sein von dem ersten Menschen, der ihm hier begegnet, dem freundlichen, unparteiischen und leidenschaftslosen Wächter, der seine Drachme entgegennimmt und ihm die Kurkarte aus Blei oder Bronze aushändigt. Froh, endlich aller eignen Entscheidung enthoben zu sein, wird er sich gerne den Zeremonien unterwerfen, an den Opfern teilnehmen, das Theater, das Stadion besuchen, unter Pinien und jungen Eichen wandeln und deren würzigen Duft einatmen, die Mixturen trinken, die die Priester und ihre Helfer (und Helferinnen? Hygieia, die Göttin der Gesundheit, ist eine Frau!) ihm einflößen, wird sich, in Tücher gewickelt, auf einer der Lagerstätten niederlegen, auf deren Marmorsockel wir sitzen, die würzige Luft einatmen ... wird schlafen und – träumen. Denn dazu ist er hier. Und die Priester, die vielleicht imstande sind, genau wie nun auch unsere Enzephalographen, die heftigsten Traumphasen an der Heftigkeit der Augenbewegung unter den geschlossenen Lidern zu erkennen, die Priester werden ihn wecken und fragen, was er geträumt habe. Und er, vielleicht immer noch auf der Couch, wird es ihnen, so gut und ehrlich er kann, erzählen. Werden sie ihn auch frei über seinen Traum assoziieren lassen? In jedem Fall werden sie ihm seine Zukunft »deuten«, denn sein Traum, oder eine Anzahl seiner Träume, wird ihnen gesagt haben, was dies für ein Mensch ist und wohin er neigt. Daß es das Schicksal und die Götter sind, die der Menschen Lose bestimmen, daran werden sie keinen Zweifel aufkommen lassen. Doch wenn es ein Geheimwissen gibt, das sie zu hüten haben, so ist es das Wissen, daß Schicksal und Götter nicht unbeeinflußt bleiben vom Verhalten des Menschen und daß wiederum sie, je nachdem, ob sie ihre Patienten stärken oder schwächen, dieses Verhalten mitbestimmen können. Auch eine Priesterin, Kassandra oder wie immer sie heißen mag, muß eines Tages an diesen Punkt kommen. Auch sie, heißt es, habe ja zu den Sehern gehört, die nicht aus den Innereien der Opfertiere, nicht aus dem Vogelflug die Zukunft voraussahen, sondern sie aus den Träumen der Menschen lasen. Wie ist sie damit fertiggeworden? Auch wenn das Wort »Manipulation« noch nicht erfunden war . . .

Absolute Stille, nur Vogelrufe. Die Farben: Grün und Weiß und Blau. Die Fülle der griechischen Frühlingsblumen. G. findet Thymian, den wir zwischen den Fingern zerreiben, um daran zu riechen. Lavendel. Früher, sagt Frau Tharsos, habe sie sich Sträußchen davon zwischen die Wäsche gelegt. Sie redet ein bißchen von früher. Ganz deutlich spüre ich, wir sitzen innerhalb eines Zirkels, in den man Einblick hat von einer sehr frühen Vergangenheit her, wie auch wir imstande sind zu erfahren, was vor Zeiten hier geschah. Fühle, wie ein inneres Auge aufgeht, eine Berührung stattfindet, sehr leicht, beiläufig, unpathetisch, eher spöttisch. Unser Gespräch versickert, es wird still. Wie sollte Schlaf hier nicht heilsam sein. – Sie käme bald wieder, sagt Frau Tharsos zu dem Wächter. Er werde hier sein, erwidert er.

Wir nehmen die Straße am Meer entlang, finden eine alleinstehende Taverne, in der gerade mit Wasserfluten Frühjahrsputz gehalten wird. Trotzdem steht zehn Minuten später eine große Schüssel kleiner gebratener Fische vor uns und Salat, Lauch. Wir essen draußen, nur durch die Straße vom flachen bleichbraunen Meer getrennt. Am Nachbartisch vier Beamte aus Athen in schwarzen Anzügen, steif und schwitzend. Auf der anderen Seite ißt laut und fröhlich die große Familie des Wirtes, das gleiche Mahl wie die Gäste. Der Wind fegt vom Meer her unter die Tischdecken, die überall in griechischen Tavernen aus Papier

32

sind. Vielleicht ist es wahr, sagt Frau Tharsos: Am eignen Leben anderen die Schuld zu geben, macht unnötig einsam. Selbstmanipulation – das gibt es wohl, nicht wahr.

Antonis hat angerufen. Wir müssen uns doch bei der Fremdenpolizei melden. Das kostet uns einen Vormittag. – Vormittags zum Zentrum. Erklären kann ich es nicht, aber in dem Augenblick, da wir das alte Bürohaus betreten, verwandeln wir drei uns in eine Gang. N., der Sprache und in Grenzen gewisser bürokratischer Bräuche kundig, geht als Bandenchef voran, ihm folgt G., als Mann, und ich, Helfershelferin, beschließe den kleinen Zug. Drei Treppen. Überall wohnen die Chefs oben, aber nicht überall residieren sie in einem uralten, verwinkelten, vom Angstschweiß der Generationen imprägnierten Haus. Der Leiter empfängt uns persönlich, vorbereitet durch Antonis, er sieht aus, wie ein Leiter aussehen soll, trägt auch jenen angemessenen schmalen Lippenbart; würdevoll gibt er seiner Freude über unsern Besuch in seiner Stadt Ausdruck, eine Auszeichnung, die uns eher drückt als ehrt. Da ihm aber – dank Antonis – unser Beruf nicht verborgen geblieben ist, stellt sich ihm die Frage, was wir eigentlich hier wirklich suchten. Dies, undurchdringlich freundlich, von Mann zu Mann an G. gerichtet, der mit ebenfalls undurchdringlicher Miene die Wahrheit spricht: Tourismus. – Aha. Besondere Interessen? – Nach und nach richten sich die Augen der drei Männer auf mich. Klassik, behaupte ich. Ich interessiere mich für die griechische Klassik. Aber für die Minoer auch. – Der Chef der Fremdenpolizei sieht mich an, als ob ein solches Interesse an diesem Ort einer Perversion nahekommt. Und schreiben, fragt er freundlich, schreiben wollten wir nicht über Griechenland. Sicherlich nicht, sagt G., allzu vage, da übernimmt N. wieder die Verhandlungsführung und erklärt in beinah unhöflich bestimmtem Ton: Nein. Schreiben wollen sie auf keinen Fall. – Als seien wir des Schreibens gar nicht kundig. Und zu uns gewendet, auf Deutsch, mit Nachdruck: Ihr wollt keine einzige Zeile über Griechenland schreiben, verstanden. – G. schweigt, aber ich sage, überzeugt von der Wahrheit dieser Behauptung: Natürlich nicht.

Na also.

Da trifft mich wie ein Schlag die Einsicht in die Komik der

Situation. Ich sehe, G. konzentriert sich eisern auf die silbern gehämmerte Schreibtischgarnitur des Polizeichefs, da fange ich an, die Zimmerpalme zu fixieren. N., ein wahrer Bandenchef, erzählt dem aufgeschlossenen Mann hinter dem Schreibtisch Gott weiß was über Vergangenheit und Pläne dieser leicht anrüchigen Touristen aus einem eher unbekannten Land, und ich teile niemandem außer der Zimmerpalme mit, daß ich mir eine Reihe von ungemütlichen Situationen vorstellen kann, in denen ich den Delinquenten abgebe. Schmal, sehr schmal wird in Büros der Grenzstreifen zwischen dem Land der Unschuldigen und dem der Verdächtigen, nie weiß man: Ist man noch ganz in diesem, vielleicht nicht schon mit einem Fuß in jenem Bereich. Hier aber handelt es sich ja zum Glück ganz zweifellos um eine der zahlreichen Szenen aus einem Film, in dem wir mitspielen, ohne Aussicht, den Regisseur, der uns mit den uns fremden Rollen besetzt hat, je kennenzulernen, doch diese Szene hier haben wir schon hundertmal geprobt. Aber wo mögen sie diesmal die Kamera versteckt haben? In jenem viereckigen Abzugsloch in der Wand über der Tür? Im Knopfloch des Fremdenpolizeichefs, der sich soeben erhebt, um uns einem durch Klingeldruck herbeizitierten Unterabteilungsleiter zur weiteren Bearbeitung zu übergeben, der übrigens auch imposante Züge hat, die aber nie und nimmer ausreichen würden, aus ihm einen veritablen Chef zu machen. Da schickt die Regie, die sich in dieser Art Filme ja nie mit den Schauspielern abspricht, einen weiteren Abteilungsleiter herein, der in der Hierarchie offenbar einen bevorzugten Platz einnimmt, da er ungerufen bei seinem Chef erscheinen kann, und zwar zu dem einzigen Zweck, sich von ihm zu verabschieden: Er gehe schon morgen auf sein Dorf.

Schlagartige Verwandlung der Atmosphäre, mehrere Fässer überströmender Herzlichkeit sind ausgeschüttet worden. Dieser glückliche Mensch, ruft der Chef der Fremdenpolizei von Athen, gehe schon morgen auf sein Dorf! Während er, einem Galeerensträfling vergleichbar, bis zum letzten Tag vor Ostern hier auf seinem Posten ausharren müsse. So daß der Abschied sich innig gestaltet, nachdem N. seine Absicht kundgetan hat, zu Ostern ebenfalls »auf sein Dorf« zu gehn, in Thessalien – ah! Thessalien! – und zwar mit uns. Touristen, die zu Ostern mit einem Griechen auf sein Dorf gehn, sind als Gäste zu behandeln.

Zwei Worte von N., beim Hinausgehen durch die Zähne gesprochen, verwandeln uns für Kameras und Mikrofone wieder in eine Gang zurück: Es klappt!, woraufhin wir, von unserem Abteilungsleiter an eine Art Schreiber verwiesen (ein Schreiber allerdings, der Kafka gelesen hat), jeder etliche großformatige Fragebogen in Empfang nehmen und ausfüllen dürfen, die aber ohne Paßfotos und ohne Gebührenmarken wertloses Papier bleiben. Fotos? Wir stöhnen auf. Das können die Götter nicht gewollt haben. Doch N., der sich kurz mit einem uralten Cerberus beraten hat, der auf einem blanken Stuhl, offenbar ohne genau umrissenes Berufsbild, am Treppenaufsatz sitzt, erfährt, was zu tun ist. Stumm marschieren wir, in bewährter Dreierformation, zwei Treppen wieder hinunter, dorthin, wo in einem einfachen Bretterverschlag — gepriesen sei das freie Unternehmertum! – ein findiger Fotograf sein Gewerbe aufgeschlagen hat, uns in Windeseile abfotografiert, nachdem er einen Preis gefordert hat, den N., wieder zwischen den Zähnen, »skrupellos« nennt, und uns dann, wiederum nur Minuten später, je ein Tütchen mit Paßbildern durch den Vorhangspalt herausreicht, die nun allerdings jedem Verbrecheralbum Ehre machen würden.

Diesmal bin nicht ich es – G. scheinen beim erneuten Treppensteigen Bedenken zu kommen: Das ginge doch nicht, sagt er. Wieso, sagt N. Geht alles. Oder willst du auch noch schön sein für die Fremdenpolizei! – Erneut Gebühren, die, in Marken verwandelt, am Springbrunnen auf dem Flur benetzt, auf unsere Fragebögen geklebt und am Tisch jenes Kafkaschen Schreibers gestempelt werden, worauf dieser, unsere Fragebögen offenbar als Anregung benutzend, mit violetter Tinte und kratzender Feder eine große Karteikarte ausfüllt, die uns, wie er begütigend versichert, für immer dem Archiv der Fremdenpolizei von Athen einverleibt. Gewinn: eine Beilage zum Paß, die als Aufenthaltserlaubnis gilt.

Als wir zu Hause ankommen, in N.s winziger Wohnung, klingelt das Telefon. Antonis. Wir seien doch nicht etwa schon auf der Fremdenpolizei gewesen. Er habe den ganzen Vormittag herumtelefoniert und herausgefunden: Wir müßten uns dort gar nicht anmelden. – Jetzt, dachte ich, kann man nur hoffen, daß der Kameramann N.s Gesicht in Großaufnahme festhält.

Der Demütigungen sind genug gewechselt, alles wollen wir jetzt vergessen, Unsicherheit und Ärger mit dem kühlen Retzina hinunterspülen, der in den mächtigen, in die Wand eingelassenen Fässern jener Ecktaverne aufbewahrt wird, die unter uns schon berühmt ist, ohne daß wir sie kennen. N. lädt uns ein. Wir müssen ein paar Stufen hinuntersteigen, in das Grottenlicht, in die Kellerkühle. Salat, Wein, Weiße-Bohnen-Suppe. Jetzt sollen wir erfahren, was es mit dem HAUS auf sich hat, von dessen Geist oder Ungeist N. besessen ist. N. behält recht: Die Taverne ist der richtige Ort, vom Haus seiner Väter zu erzählen.

Ich stelle mir vor, daß diese Taverne in dem Athener Haus mit den dicken Kellermauern sehr alt ist. Daß Generationen griechischer Männer schon hier gesessen haben, um dicke Bohnensuppe zu essen und vom »Haus ihrer Väter« zu erzählen, denn das ist ihr Thema von altersher. Homers »Ilias«, ein Gesang von den Schicksalen der großen griechischen Familien, mag aus den unendlich vielen Erzählrinnsalen in Häfen, auf Marktplätzen, in Tavernen durch Jahrhunderte hin zu dem Erzählstrom zusammengeflossen sein: »Singe den Zorn, o Göttin, des Peliaden Achilleus . . .« (Achill, Sohn des Peleus). Erzählen ist human und bewirkt Humanes, Gedächtnis, Anteilnahme, Verständnis – auch dann, wenn die Erzählung teilweise eine Klage ist über die Zerstörung des Vaterhauses, den Verlust des Gedächtnisses, das Abreißen von Anteilnahme, das Fehlen von Verständnis.

Das Haus seiner Väter, sagt N., in jenem thessalischen Dorf, das wir noch sehen werden, sei ja eigentlich das Haus seines Großvaters, bei dem er aufgewachsen sei. Und der Großmutter, die wir ja kennen. Ich sehe sie vor mir, die uralte, kleine, ausgedörrte, flinke, wachsame, mißtrauische Frau, ihren fleischlosen winzig kleinen Vogelkopf, das schüttere Haar, die schwarzen Röcke. Die noch vor ein, zwei Jahren mit ihrem wieselflinken Schritt über mecklenburgische Felder lief, gegen den Wind, und die Arme ausbreitete, als wolle sie vom Boden abheben: Das konnte sie, solange sie jung war: fliegen. Sich abstoßen, die Beine anhocken und dicht über den Boden hinfliegen; diese Kraft habe sie mit dem Alter verlassen. Ob wir denn aber, fragte N., gewußt hätten, daß diese Großmutter gar nicht seine richtige sei, sondern die zweite Frau seines Großvaters, die ihn seiner Mutter entzogen habe, um im Dorf doch auch die Achtung einer Frau zu genießen, die einen männlichen Erben aufzieht. So, die Großmutter. Die mir immer die Wange tätschelt. Noch um ein Grad unübersichtlicher wird die Familiengeschichte von N., ein Gewirr von Fäden, aus dem er an jenem Mittag in seiner Taverne einen roten Faden für uns herausholt: den Faden seiner Flucht mit den damals noch jungen Großeltern, die 1947 zu den Partisanen in die Berge gehen, und ihn, den zwölfjährigen Enkelsohn, mitnehmen: als die Engländer, erinnert euch, im Bund mit der von ihnen eingesetzten griechischen Regierung die nationale Befreiungsbewegung mit Waffengewalt unterdrücken. Erinnert euch, das scheint N.s Kehrreim zu sein, denn welchen Sinn hätten die Opfer, die Tausenden Heimatlosen, der jahrzehntelange fressende Schmerz des Exils für ein erinnerungsloses Volk? Erzählen ist Sinngeben, und wenn das Erzählen nicht ausreicht, wenn man, ein anderer Odysseus, nach fast dreißig Jahren zurückkommt und sieht, man ist *nicht* erwartet worden, das Vaterhaus verfällt, die Familie lebt in schwierigen Verhältnissen, die Nachbarn schicken ihre Ziegen auf das Grundstück: dann geht man hin und baut eben das Haus wieder auf, versteht ihr das. Wir glauben zu verstehn. N. kann nicht zulassen, daß ein Symbol, ein Traum verfällt. Unstillbar, das weiß man doch, ist der Schmerz, den die Eignen einem antun, es sei denn, man verwandle sie oder sich selbst in Fremde, und trostlos ist nicht der Verpönte, sondern der Vergessene. (»Die Liebsten, weiß ich, sind uns bitterfeind . . .«, Orest bei Aischylos.) Ihre ernsteste Gefährdung erlebt Kassandra nicht, als der Zorn der Troer sie in Lebensgefahr bringt, sondern als alle Fäden, auch die des Zorns, zwischen ihr und ihnen gerissen sind und ein neues Netz durch ihre eigne Schuld noch nicht geknüpft ist.

Gab es Selbstmorde bei den frühen Völkern?

Valtinos, dessen Nummer, eben die, die uns Sigrid vor langer Zeit im Transitraum gegeben hat, wir endlich angerufen haben und der uns nachts auf dem Dach seines Hochhauses mit Kaffee und Wein bewirtet, Valtinos, der die Orestie des Aischylos gerade neu ins Neugriechische überträgt, findet in dem Text keinen Hinweis. Ausstoßung, das wissen wir ja, bedeutete für den Frühmenschen, der fest in Familie, Clan, Stamm eingebunden war, den sicheren Tod: durch Angst, Reue, Grauen, eigentlich wohl durch eine Auflösung jenes inneren Gerüstes von Werten, ohne das auch wir nicht leben können, bei dessen Zerfall auch uns die Todessehnsucht ankommt. Zu schweigen von jenen Fällen, in denen wir nicht anders können, als selbst dieses Gerüst zum Einsturz zu bringen und uns dadurch in jene Lage zu begeben, die, weil sie keine uns annehmbare Alternative bietet, »tragisch« genannt wird und die der Literatur so günstig ist. Wieso eigentlich, überlegen wir in dieser sehr milden Nacht, während, wie soll man es anders sagen, »die Sterne aufziehen«, wieso hat man so wenig beachtet, daß Kassandra, sozial gesehen, zur herrschenden Schicht gehört: die Tochter des Königs. Und daß es, man kann es dem Aischylos entnehmen, nicht jedermann *erlaubt* war, was er »sah«, zu sagen. Wie spricht der Chor der Greise von Argos, den eine böse Ahnung anspringt, als Klytaimnestra den Agamemnon in die Burg geleitet:

Wäre zwischen Menschen,
Den Mächtigen und den Geringen,
Nicht eine Schranke gesetzt:
Müßte, wer klein ist,
Nicht schweigen:
Alles würde ich sagen!
Schreien würde ich,
Und aus dem Herzen
Strömte es heraus!

Kassandra aber, vornehm geboren, hat das Privileg des Sprechens, des Gehört- und Genanntwerdens, selbst ihr Tod bleibt nicht namenlos. Ob er nicht glaube, frage ich Valtinos, daß sie, vor die Wahl gestellt, den ganzen Weg noch einmal gegangen wäre? Dies sei, sagt er, ein Gesichtspunkt von heute, denn eben das Moment der Wahl hätten die Alten nicht gekannt. Wenn schon heutige Gesichtspunkte: Finde er nicht auch, daß Kassandra die erste berufstätige Frau in der Literatur darstelle? Was hätte eine Frau werden können außer »Seherin«? Dann, sagt Valtinos, sei Klytaimnestra die erste Feministin: Zehn Jahre hat sie Mykene allein regiert; hat miterleben und dulden müssen, wie ihr Mann, der »sehr entschlossene« Agamemnon, ihr liebstes Kind, die Tochter Iphigenie, der Göttin opfert, von der er dafür günstigen Wind zur Kriegsfahrt seiner Flotte erhofft; hat sich zum Mann genommen den, der ihr gefiel: Aigisthos: Soll sie wegen der Rückkehr des Gatten auf ihre Rechte verzichten? An Herd und Spinnrocken zurückkriechen?

Wir trinken. Es geht auf Mitternacht zu, die Luft wird kühler. Ja, es gibt ihn, den samtigen Himmel, es gibt das südliche Sterngefunkel. Schräg vor uns hängt tief über der Stadt rötlichgelb eine türkische Mondsichel, die Weingläser stehn auf dem Beton der Terrasse neben unsern Stühlen. Sigrid bringt starken Kaffee in hohen Tassen, ihr Junge, der im Transitraum hingefallen war, muß nun ins Bett. Träumen wir? Muß ich nur einen bestimmten Namen aussprechen, damit alles zueinanderkommt, daß kleine Wunder geschehn, und ich immer tiefer in einen Zauber hineingezogen werde? Daß die Sterne singen – es ist ein hoher sirrender Ton –, ich will es keinem aufreden, aber wir haben es in jener Nacht gehört.

Schwieriger, als man denke, sagt Valtinos, sei es, die alten Texte ins Neugriechische zu übersetzen: wegen der Doppeldeutigkeit des Altgriechischen. Er gibt ein Beispiel: Klytaimnestra, nachdem sie ihren Gatten Agamemnon überschwenglich begrüßt hat, weist die Mägde an, rote Tücher vor ihm auf den Weg zu legen, daß der Fuß des siegreich heimkehrenden Königs nicht den Boden berühre (dies scheint die sehr zweischneidige Einführung des heute noch gebräuchlichen roten Ehrenteppichs für fremde Staatsoberhäupter zu sein). Sie sagt in der Droysenschen Übersetzung:

Sei schnell ihm purpurüberdeckt der Gang zum Haus,
Dem ungehofften, daß ihn Dike leiten mag.

Bei Walter Jens finde ich:

Aus Purpur sei der Weg, der ihn, den kaum Erwarteten,
Ins Haus zurückbringt.

Und Peter Stein hat in seiner Orestie-Inszenierung Klytaimnestra sagen lassen:

Breitet, wie ich es angeordnet habe,
die Gewänder auf den Weg,

bedeckt den Boden,
laßt rasch den Purpurpfad entstehen.
Und Dike, die Gerechtigkeit,
geleite, führe ihn ins Haus,
wie er es wohl nicht erwartet hat.

Die Doppeldeutigkeit dieser Verse, sagt Valtinos, brächten die
Übersetzungen meist nicht zur Geltung: Dike, die Göttin der
Gerechtigkeit, wird angerufen als Beschützerin eines Mordes:
Der Tod, den die Frau dem Mann zugedacht hat, ist in ihren
Augen gerecht. So daß der »Purpurpfad« auch mit »Straße des
Rechts« übersetzt werden könnte – und so drängen sich ihm, je
tiefer er sich in den Text hineinbegebe, zahlreiche Beispiele
oszillierender Bedeutung auf; die noch dazu von den verschiedenen Übersetzergenerationen, je nach eigener Moralauffassung
und Sinngebung, unterschiedlich übersetzt worden seien: Je
nachdem, ob sie, und sei es unbewußt, auf seiten des Mannes
oder auf seiten der Frau gestanden hätten. Auch in unsre Sprache
seien sie schwer zu fassen, denn unsre doppelte Moral sei eine
andre als die unserer Voreltern. Und selbst dieser Begriff, muß
ich denken, »doppelte Moral«, wäre nicht ganz einfach zu
übersetzen – anders, wenn man ihn abfällig, anders, wenn man
ihn neutral gebraucht.

Zwar ist, so überlegen wir, die Doppelmoral der Alten vielleicht
nicht so allgegenwärtig, alles beherrschend und durchdringend
wie die Doppelmoral der christlich-abendländischen Zivilisation, die eine ungeheure, immer subtilere und spitzfindigere
demagogische Gedankenarbeit leisten muß, um das Gebot DU
SOLLST NICHT TÖTEN als sittliche Grundlage ihres Lebens anzuerkennen und es gleichzeitig, ohne moralisch zusammenzubre-
chen, für ihr praktisches Handeln außer Kraft zu setzen. So
entstand im Zentrum dieser Kultur jener dunkle blinde Fleck,
der ihr das Wichtigste, ihr mörderisches Doppelleben, verbirgt:
ein Defizit, das leider – so reden wir nun schon nach Mitternacht
auf unsrer Dachterrasse –, leider mit Notwendigkeit auch jene
Prozesse, die zur Selbstvernichtung führen, vor den treibenden
Kräften dieser Zivilisation unsichtbar macht; eine Hexenmagie,
die wir nun vielleicht zu spät durchschaun. Und die Literatur
hat, indem sie sie beschrieb, die Doppelmoral mit strukturiert.

Während Aischylos in aller Offenheit eine neue Moral, die des Vaterrechts, installiert, ohne eigentlich, meint Valtinos, die frühere mutterrechtliche Denkweise zu verleumden. Klytaimnestra, gut: Sie heuchelt anfangs, heuchelt Freude über die Rückkehr des Gatten, doch nicht im Dienste einer doppelten Moral (weshalb ich es später nicht richtig fand, daß Peter Stein in der »Schaubühne« seine Klytaimnestra im Demagogenton des Goebbels auftreten läßt): Sie will tun können, was sie für recht hält. Agamemnon hat das noch nicht so alte Gebot: Du sollst keine Menschenopfer bringen, verletzt, indem er ihre und seine Tochter tötete. Wenn sie ihn umbringt, stellt sie das Recht, wie sie es empfindet, wieder her:

Das hier ist Agamemnon, mein Gemahl.
Von dieser meiner Hand getötet.
Meisterlich gelang das Werk, und auch gerecht.

Die Voreingenommenheit des Aischylos, sage ich, sähe ich im Abscheu der beiden Frauen, Kassandra und Klytaimnestra, gegeneinander.

Kassandra:

. . . doch welches Tier kann ihr den Namen leihn?
Drache, Skylla, Unhold?

Klytaimnestra:

Da liegt er tot, der mein, des Weibes, Recht zertrat, (. . .)
Und hier die Sklavin, bei ihm liegt sie, wahrzuschaun,
Die treue Buhle, die bei Ruderbank und Mast
Mit ihm umherlag; haben's dessen würdig jetzt.

So will der männliche Dichter diese Frauen sehen: haßvoll, eifersüchtig, kleinlich gegeneinander – wie Frauen werden können, wenn sie aus der Öffentlichkeit vertrieben, an Haus und Herd zurückgejagt werden; genau dies geschah in den Jahrhunderten, deren Summe des Aischylos großes Drama zieht.

Darüber könnte man lange reden, sagen wir, als wir uns verabschieden. Im Sommer, wenn wir dieses Land längst verlassen haben, werden in Epidauros die Darsteller der Klytaimnestra, der Kassandra, des Agamemnon und des Orest die alten Texte in der Sprache von Valtinos sprechen. Ich verstehe, daß er überarbeitet ist. In seinem Zimmer seh ich seine Schreibmaschine in Papier ertrinken.

Kassandra übrigens, doziere ich auf dem Heimweg durch die nächtliche menschenleere Stadt, Kassandra hat den Aischylos nicht wirklich interessiert; nicht wie die Mordenden ihn interessiert haben. Uns, kommen wir überein, langweilen Mordende bis zum Überdruß. Umbringen, nicht beschreiben, sag ich, könnt ich manchmal die vom mörderischen Wahn Besessenen. Kassandra, vermute ich, definiert sich als Nichtmordende, Nichtwahnbesetzte. Woher kommen ihr die Lust und die Kraft zum Widerspruch?

Das Buch, das Valtinos uns mitgegeben hat, kommt, da es klein und leicht ist, in das Gepäck nach Kreta. Denn daß wir nach Kreta fahren müssen, ist unbestritten, auf einmal reden alle von der »Wiege des Abendlandes«, auf einmal reden alle von der minoischen Kultur. Die Fähre, die KRITI heißt, läßt allabendlich im Hafen von Piräus ein uraltes Schauspiel neu aufleben: Ein Schiff fährt ab. Das gilt. Die Aktivität des ganzen Beckens sammelt sich vor der dunklen viereckigen Einfahrt aufs Schiff, vom Oberdeck aus sehen wir den Stau der Fahrzeuge, der uns, je näher die Abfahrtszeit rückt, um so hoffnungsloser erscheint. Wenn man den Gesten, den Schreien, die heraufdringen, glauben darf, spielen sich zwischen den Fahrern der ineinandergeknäulten Lastwagen Auseinandersetzungen auf Leben und Tod ab, Fäuste blitzen auf, einer setzt sich, die Hände vors Gesicht geschlagen, auf die Kaimauer, ein gebrochener Mann, nie und nimmer werden die weißen Mützen der Hafenpolizei, die sich jetzt unter die dunkelhaarigen Köpfe mischen, etwas ausrichten, was soll ihr Winken, denke ich, bis mir klar wird, daß der von allen angefeindete Langholzwagen, dessen Fahrer zum äußersten entschlossen schien, langsam, langsam millimeterweis auf die Fähre rollt; daß nun auch die anderen Fahrzeuge sich ordnen, nach undurchschaubaren Mustern, als ziehe der Große sie hinter sich her. Und daß der Mann, der weinend auf der Kaimauer saß, überhaupt kein Fahrzeug fährt, gar kein persönliches Interesse an dem Ergebnis, nur eins an dem Schauspiel hatte, von dem er jetzt, weil es uninteressant geworden, pfeifend wegschlendert.

Diese Abfahrt-, Abschieds- und Hafenszene erlebe ich nicht zum erstenmal; kein Mensch, der je Abschied nehmen, je etwas, was er »Heimat« nannte, verlassen mußte, kann sie zum erstenmal erleben. Nicht zum erstenmal, scheint mir, gleitet ein Schiff, auf dem ich stehe, von der Hafenmole, nicht zum erstenmal öffnet sich dieser dunkle Riß zwischen mir und dem Ufer, bleibt eine schwarze Gestalt, C., der wir lange zuwinken, die kleiner, dann winzig wird, an Land zurück.

Dann blickte ich auf und sah das Licht. Es war die siebte Abendstunde. Die Sonne, sehr tief, stand hinter uns und beleuchtete den Hafenbogen von Piräus, doch schien ein jeder Gegenstand in seiner eignen Farbe aus sich selbst, in einem Zauberlicht, das ich von da an keinen Abend mehr versäumte. So, in diesem Schein mögen, falls die Schiffe der Achaier auch gegen Abend erst von Troias Küste abgelegt haben, die gefangenen Troerinnen, am Heck der Schiffe zusammengedrängt, die Trümmer ihrer Stadt und ihr heimatliches Ufer zum letztenmal gesehen haben. Das wird ihren Schmerz geschärft und zugleich jene Liebe verankert haben, an die sie sich in der Fremde werden halten können.

Von den Erzählern aber, die über sie geschrieben haben und die alle nicht dabeigewesen sind, hat keiner dieses Licht erwähnt.

Zweite Vorlesung
Fortgesetzter Reisebericht über die Verfolgung einer Spur

> Wenn ihr mir nicht glaubt, was tut's?
> Die Zukunft kommt gewiß.
> Nur eine kleine Weile
> Und ihr seht es selbst.
> (Kassandra, in: Aischylos, »Orestie«)

Das Zauberlicht, das wir vom Schiff aus sahn, erlosch, im Hafenbogen von Piräus sprangen die Leuchtreklamen aus der Dämmerung: 7 UP, SHELL, schnell fiel die Dunkelheit. Theseus ist vor Zeiten, als er von Kreta kam, im Labyrinth den Minotauros besiegt, mit Hilfe des Fadens der Ariadne wieder herausgefunden hatte, in diesen Hafen eingelaufen, doch vergaß er, das schwarze Todessegel durch ein weißes zu ersetzen, so daß sein Vater, König Aigeus, sich vor Kummer um den vermeintlichen Tod des Sohnes ins Meer stürzte. Doch das jährliche Jünglingsopfer der Athener an den kretischen Stier war beendet. Sehr verschiedene Schiffe mit sehr verschiedenen Botschaften sind zwischen Kreta und dem Festland jahrtausendelang hin- und hergefahren. Heute befördert die KRITI junge sonnensüchtige Leute aus aller Welt, Tramper, die sich auf den Bänken des Oberdecks für die Nacht einrichten, Jungen und Mädchen in der Einheitsuniform – Jeans, Anoraks, weiße weiche Turnschuhe –, vollbepackte Traggestelle aus Leichtmetall auf dem Rücken, die sie gegen die Bänke lehnten; wir gingen an ihnen vorbei, musterten uns gegenseitig, stumm.

Da wurde mein Name gerufen, ich fuhr herum: Helen stand vor mir. Tyche, der Zufall. Helen aus Columbus, Ohio, die mir zuletzt in meiner Berliner Wohnung gegenübersaß, und neben ihr Sue, ihre Freundin aus Los Angeles, Californien. Hallo, sagt sie. Hallo, erwidere ich. Sie kenne uns schon. Von ihr müsse man wissen, daß sie Theater mache. – Gut. Wo sollten wir gemeinsam essen?

Es stellte sich heraus, daß der SECOND-CLASS-DINING-ROOM für

Leute wie uns gedacht war; daß ein italienisches Spaghetti-Gericht am ehesten unserem Drachmenfonds entsprach und daß jeden von uns vieren an diesem Abend nichts brennender interessierte als die minoische Kultur. Es ist ja ein Symptom für Besessenheit, daß man sich über sie nicht wundern kann – jedenfalls dann nicht, wenn sie bei einem selber auftritt – und daß man sie nur an anderen mit mehr oder weniger Vergnügen bemerkt, und so mußte irgendwann an diesem Abend der Moment kommen – wahrscheinlich saßen wir schon auf den Betten in unserer Kabine und schälten die frischen duftenden Apfelsinen, die N. uns mitgegeben hatte –, der Moment, in dem mein Geist oder jedenfalls ein Teil von ihm sich von meinem Körper löste und »über uns« (ich meine keineswegs an der niedrigen Kabinendecke: weit höher!) zu schweben begann, um sich zu distanzieren und sich auch ein wenig zu belustigen: Was um alles in der Welt suchten die Amerikanerinnen bei uns in »unserer« minoischen Kultur? Was ich suchte, verstand sich ja von selbst: Ich suchte – unter anderm, aber mehr war mir damals kaum bewußt – den Zeiten-Vergleich zwischen dem Kampf um Troia und dem Untergang der minoischen Kultur auf Kreta, die nämlich beide, wenn die wissenschaftlichen Datierungen stimmen, im 12. Jahrhundert vor unserer Zeitrechnung sich ereignet hätten – Kreta früher als Troia. Helen und Sue suchten eine Bestätigung für ihre These, daß auf Kreta die Frauen den Ton angaben und daß dies den Minoern gut bekommen war. Und ich ereiferte mich an den Behauptungen des Amerikaners Velikovsky, der – aufgrund von Beweisführungen, deren Darlegung hier zu weit führte, die ich mir an jenem Abend in der Kabine der KRITI keineswegs versagte – eine völlig neue Datierung der Geschichte des Altertums vorgelegt hat, die den Fall Troias mitsamt dem Untergang der minoischen Kultur um drei, vier Jahrhunderte näher an uns heranrückt, nämlich ins achte, »oder wenigstens an das Ende des neunten Jahrhunderts«: das heißt, beinahe noch in die Lebenszeit Homers. Helen und Sue nun wieder, deren Meinung in manchem, was heutige Kunst betrifft, durchaus geteilt sein kann, zitierten unisono einige nach ihrer Überzeugung katastrophale Sätze aus ihrem Reiseführer, an denen sich mit Hochgenuß das totale Unverständnis der männlichen Altertumswissenschaftler für die Grundtatsachen jener weiblichen Kultur ablesen ließ, die sie da auf Kreta ausgegraben hatten. Es war ein lebhafter Abend in unserer Kabine, mein Geist, der fortfuhr, über uns zu schweben, erhielt mir das Bild von zwei blonden und zwei dunklen Köpfen, die sich abwechselnd schüttelnd über verschiedene Bücher beugten, und aus einem bestimmten Grund, den ich gleich nennen werde, weiß ich noch, daß ich Velikovsky mit folgenden Sätzen zitiert haben muß: »Die Sage von Aeneas, der aus dem untergehenden Troia nach Karthago entkam (einer im 9. Jahrhundert erbauten Stadt) und von dort nach Italien zog, wo er Rom gründete (eine in der Mitte des 8. Jahrhunderts angelegten Stadt), deutet ebenfalls darauf hin, daß Troia im achten oder wenigstens am Ende des 9. Jahrhunderts zerstört wurde.«

Fix und fertig erstand Aineias vor meinem inneren Auge, und Kassandra hatte ihn gekannt. Nur gekannt? Was an ihm mochte sie tiefer berührt haben? Zartsinn, gepaart mit Kraft? Also Übertragung eines gegenwärtigen Wunschbildes auf eine mythologische Figur, die so nicht gewesen sein *kann*? Gewiß. Was denn sonst.

Meine innere Stimme schwieg, nicht eigentlich beleidigt, auch nicht gelangweilt oder ungeduldig – sie schwieg einfach und überließ mich, ausgestreckt auf der schmalen Koje, gewiegt von den sehr leichten Wellen der Ägäis, der Lektüre des Buches von Valtinos. Eine blutige Geschichte aus der Partisanenzeit, an der nicht das Blut das wichtige war, sondern der allmähliche Verlust des inneren Zusammenhangs eines über die Maßen geschundenen Menschen mit seinen Mitmenschen, am Ende mit seinen engsten Kameraden. Ich wollte nicht wissen, wie es enden mußte, nicht mehr heute nacht, ich legte das Buch weg, nahm das Vorauswissen, wie in diesem Jahrhundert Aufbegehren, Widerstand enden, mit in den Schlaf, sah zuletzt noch den Gesichtsausdruck dieses Partisanen vor mir, eines jungen Mannes, dunklen Haars und Barts, dessen Haupt – so altertümlich drückte mein sprechendes Schlafbewußtsein sich aus – auf einmal auf den Wassern schwamm, ich kann es nicht anders sagen. Irgendwo muß mir in diesen Tagen das singende Haupt des Orpheus begegnet sein. Ein Jünglingshaupt, von dem ich wußte, es gehörte zu einem Manne namens Aineias, schwamm, umgeben von Teichrosenblättern und anderen Grünpflanzen, auf glattem öligen Wasser und sah mich an, schmerzlich fordernd, und ich wußte natürlich, ohne es ausdrücklich denken zu müssen, daß dieser Aineias auch der junge Partisan war, dessen mit Gewißheit entsetzliches Ende ich nicht mehr hatte erfahren wollen; das also diese beiden über drei Jahrtausende hin wie beiläufig den gleichen Ausdruck aufgeprägt bekamen, den Ausdruck der nicht aufgebenden Verlierer, die wissen: sie werden immer wieder verlieren, immer wieder nicht aufgeben, und das ist kein Zufall, kein Versehen oder Unglücksfall, sondern: so ist es gemeint. Was doch immer keiner glauben will – jenes Haupt, das auf dem Wasser schwamm, glaubte und wußte es, und das war der furchtbarste, der eigentliche Jammer, und es war das höchste Entzücken: Aineias.

So kam, uns unbewußt, Kreta auf uns zu, die Insel des Minos, und wir versäumten nicht, früh auf zu sein, wie man es uns geheißen, und die Sonne aus dem Meer auftauchen zu sehn, wir versäumten nicht den Anblick der venezianischen Befestigungen an der Hafeneinfahrt, fanden uns mit Helen und Sue in einem Taxi wieder und schließlich vor einer Cafetería an der verkehrsreichsten Kreuzung von Heraklion, wo auch die jungen Tramper vom Schiff einen Espresso tranken.

Da uns Antonis' Fürsorge bis hierher vorausgeeilt war, hatte ich nun also eine bestimmte Nummer anzurufen und den auf Englisch vorgebrachten Anweisungen einer Frauenstimme zu folgen, deren Besitzerin wir niemals zu Gesicht bekommen würden und die daher in der Erinnerung zu einer Geisterstimme werden würde, um so mehr, da sie uns ungeahnte Wege schickte, deren Sinn uns dunkel blieb: Gen Westen mußten wir fahren, in einem Taxi, das jeden der 26 Kilometer zu dem uns rätselhaften Ort mit Namen Chersónissos teuer und, wie uns schien, doppelt und dreifach zählte, in ein Hotel, das zwar, wie angekündigt, am Meer lag und »modern« war, aber keineswegs billig; jedenfalls nicht nach unseren Begriffen, so daß wir sofort, als wir das ebenfalls »moderne« Zimmer bezogen und uns überzeugt hatten, daß man aus seiner großen Tür direkt an den Strand hinaustrat, zu überlegen begannen, wann und wie wir hier wieder wegkommen könnten. Denn was, um des Himmels willen, sollten wir hier? In diesem zum Badeort aufgeputschten ehemaligen Dorf, dessen Restaurants und Pensionen jetzt in der Vorsaison größtenteils noch geschlossen waren und das aus einer einzigen langen Straße bestand, auf der man aber, des Verkehrs wegen, nicht in Ruhe laufen konnte? Und was sollten – das Problem potenzierte sich ja! – Helen und Sue um alles in der Welt hier, die uns, kühn genug, auf gemietetem Motorrad (*Rent a bicycle!*) auch noch gefolgt waren.

Es stellte sich ja dann heraus, was wir hier sollten: spazierengehn. Den Weg hügelan ins Vorgebirge einschlagen, wo die beiden weißen verlockenden Dörfer lagen, die man von der Straße aus sieht. Wir sollten womöglich bezeugen können, daß im April nicht nur ganz Griechenland, auch ganz Kreta grün ist und von Frühlingsblumen übersät; das sei ganz und gar untypisch; typisch für Griechenland und Kreta seien vielmehr verbranntes, zu Heu verdorrtes Gras und glühendes kahles Gestein. Wir haben Kreta grün gesehen. Für uns ist Griechenland das Land der tausend Blumen, der vielfarbigen Anemonen, ein Land des kleinblühenden, doch haltbaren roten Mohns, der auch vor allen Altären steht, zum Beispiel vor dem Altar der kleinen weißen Dorfkirche, in die ein Mädchen – die Tochter des Popen oder Küsters? – uns hereinwinkt. Zu sehen gibt es nichts. Flink hat das Kind uns geweihte Kerzen zugesteckt, in einem kaum erkennbaren Englisch den Preis dafür genannt, flink steckt sie das Geld ein; als wir auf die Straße treten, blicken uns aus dem Haus, in dem das Mädchen wohnt, mehrere Augenpaare aus dem Dunkel ernst und unverwandt an. Ein Bauer mit seinem Esel kommt uns den steil abfallenden steinigen Weg vom Berg herunter entgegen, er hat Futter geholt und blickt uns an, bis er mit dem Tier hinter einer der weißen Steinmauern verschwindet, die die kleinen Höfe umzäunen. Sechs, sieben braunhäutige, hagere Männer sitzen vor der Taverne, in alten, abgetragenen Jacken, Mützen oder schwarze Hüte auf dem Kopf. Schweigend, kein Auge von uns wendend, lassen sie uns an sich vorbeigehn. Die Blicke dieser Männer und, mehr noch, die Blicke der Frauen, die, schwarz gekleidet wie ihre Vorfahrinnen, unter tief in die Stirn gezogenen Kopftüchern in den Höfen und Gärten ihren

Verrichtungen nachgehn, machen uns zu Wesen von einem andern Stern. Wir, die wir uns untereinander für verschieden halten, verschmelzen in den Augen der kretischen Dorfbewohner zu einer einheitlichen Gruppe neugieriger westlicher Müßiggänger, die sich – besonders wir Frauen – Freiheiten herausnehmen, welche man, würde man nicht teilweise davon leben müssen, uns ins Gesicht hinein anstößig nennen müßte.

Wir halten es selbst nicht für ganz unanstößig, am Rand der Wiese oberhalb des Dorfes zu sitzen und uns mit Namen und Titeln zu unterhalten, die kein Mensch in einem dieser Dörfer je gehört hat oder je hören wird. So, also in San Francisco gibt es Theatergruppen von Homosexuellen und Lesbierinnen, aber mir scheint, daß ihre Existenz für Sue, die lebhaft von ihnen erzählt, im gleichen Augenblick schon unwesentlich wird. Unser Blick geht über das Dorf, das wir eben durchquert haben, über Chersónissos, die Hauptstraße, den Sandstreifen auf das Meer, die Ägäis, die den größten Teil des riesigen Panoramas einnimmt, die tiefblau und ruhig atmend daliegt und alles, was wir gewohnheitsmäßig weiter reden, unwesentlich macht. Helen und Sue haben gemeinsam ein Stück aus dem Deutschen übersetzt, sie stritten sich dabei, Reste des alten Streits kommen wieder auf, oder sind es Vorboten eines neuen? Helen pflückt, als wir weitergehn, in einer der Zitronenplantagen eine reife Zitrone für G. ab, es war eine Wette, sie gewinnt sie, und am Abend kommt uns diese Zitrone zustatten, um unsern gegrillten Lachs damit zu überträufeln. Weil ja die Bänder in uns weiter ablaufen, auch wenn wir den Ort gewechselt haben, werfen wir uns die Namen zu, die heutzutage alle Europäer und Amerikaner kennen, die mit Literatur zu tun haben, reden selbstverständlich über das Brecht-Theater früher und heute und über die Rolle der Frau in der Literatur. Da spricht uns (wir sind schon im Nachbardorf), auf der Straße eine Frau an, die wir als »ältere« Frau betrachten, obwohl sie sicher erst Mitte fünfzig ist. Zwei, drei englische Brocken kennt sie, sogar ein paar deutsche: Deutsch gutt, eine Behauptung, die durch Wiederholung nicht erfreulicher auf uns wirkt. Durch lebhafte Überredung in drei Sprachen bringt sie uns dazu, mit ihr zu gehn, Cafetería gutt, very gutt, es ist, wie wir dann begreifen, ihre Cafetería, die eigentlich aus zwei winzigen runden Tischen vor einer Art von Allzweck-Laden in einer der Nebenstraßen besteht, und aus je vier Stühlen um diese Tischchen herum. Kallá? fragt die Frau, als wir sitzen, und wir erwidern: Kallá! Wir trinken den Ouzou, mit dem sie uns bewirtet, essen von den Nüssen und bestellen türkischen Kaffee. Die Frau setzt sich zu uns und tätschelt mir strahlend die Wange: Deutsch gutt. Schön, sagt sie, als wir gehen, zu uns drei Frauen: schön schön. Für diese früh gealterte, durch Plackerei gezeichnete Frau ist es die westliche Lebensweise, die schöne Menschen hervorbringt. Gut genährt, nicht körperlich abgearbeitet, mit glatter Haut, offenem, unbedecktem Haar, in bunten Blusen, unbekümmert und selbstbewußt: schön. Wir aber stehn vor dem kleinen Laden am Ende des Dorfes lange vor den Auslagen mit den schafwollenen Pullovern und Teppichen, den berühmten kretischen Decken und Tüchern, die geschmackvoller sind als die billigen Industrieprodukte, die wir am Leibe tragen und deren massenhafte Herstellung uns zu unserem vergleichsweise leichten Leben verhilft.

Die Frauen hier, die uns halb kritisch, halb sehnsüchtig nachschauen, verlassen ihren Ort ihr Lebtag nicht, allenfalls durch Heirat. Unser Hin- und Herrreisen deutet außer auf Neugier auch auf Bedürftigkeit, wonach denn aber? Was fehlt? Was suchen wir, aus so verschiedenen Richtungen kommend, an diesem dritten, abgelegenen Ort, einer Insel gar? Worauf deutet denn die Hingabe, die wir bereit sind, an eine vor zweitausend Jahren versunkene Kultur zu wenden, die Toleranz, die sich schon als Vorrat in uns gesammelt hat, ehe wir noch ihren ersten materiellen Zeugnissen gegenübertreten. Während wir doch befremdet vor den Gräbern der Toten stehn, die in diesem Dorf vor zehn, zwanzig oder fünfzig Jahren gestorben sind: Steinplatten bedecken die Toten bis zu ihrer Wiederauferstehung, die die Lebenden vielleicht doch nicht glauben oder wünschen, und in die marmornen Grabsteine sind kleine Verliese eingelassen, in denen steht hinter Glas das kolorierte Foto des Toten, ein vertrockneter Blumenstrauß, warten ein kleiner Krug und ein Schälchen mit Nüssen darauf, von dem Toten als Wegzehrung auf seinem langen Weg ins Totenreich gebraucht zu werden, so wie ihre Ahnen auf diesem gleichen Boden Speise und Trank, auch Schmuck und, je nach Rang, Waffen und goldnes Gerät als Beigaben mit ins Grab bekamen, aus denen wir heute auf das Alltagsleben dieser Völker schließen können. Wird in dreitausend Jahren noch irgendein Mensch, hier oder anderswo, glauben, daß die Toten irgendwo hingehn, und daß sie für den vielleicht beschwerlichen und düsteren Weg Wegzehrung, Vorsorge der Lebenden brauchen, zu der sie selber nicht imstande sind? Wird irgend jemand noch daran denken, es den Toten leichter zu machen? Wird es zwischen Lebenden und Toten noch irgendein Mitgefühl, ein Erinnern geben? Gedenken, Erzählen, Kunst?

Unsre Gedanken, wenn wir sie vorauswerfen wollen, prallen gegen eine Wand. Wir gestehen es uns ein an diesen Gräbern auf Kreta. Wir geben uns unsere Beklemmung zu. Aus einer Welt, die nur ökonomisch, nur diesseitig wäre, müßte der Mensch auf die eine oder andre Weise verschwinden.

Kreta ist eine Insel, die in einem besondren Wasser schwimmt.

Die irreale Telefonstimme hat uns nicht irregeführt, doch nun wollen wir in Heraklion wohnen, und sogar billig. Nun gehen wir doch noch zur Fremdenpolizei in ihr niedriges Haus, wo man an einem ausgedörrten Rasenstück mit Tonfliegenpilzen und Plastikpelikanen vorbei direkt ins Büro tritt, direkt vor jene Holzschranke, hinter der der diensthabende Fremdenpolizist mit seinem Menjoubärtchen gelangweilt und ein bißchen verächtlich unsere Wünsche anhört und aus dem Gedächtnis drei Hotelnamen nennen kann, von denen der eine zu einem Hotel gleich um die Ecke gehört, ja, 300 Drachmen die Nacht, und genauso wenig sollte ein Hotelzimmer für uns kosten, um die letzte teure Nacht auszugleichen: Da bin ich, verblendet durch Geiz, schon in der Hand der Zwergin. Die Zwergin kommt mir die sehr schmale Treppe – oder sollte ich »Stiege« sagen – von oben entgegengehumpelt, sie ist nicht nur klein, auch verwachsen, schleppt nasse Wäsche, die sie im Zwischenstock über das Balkongeländer breitet, während sie mir in einem Gemisch mehrerer Sprachen Bescheid gibt: Ja, Doppelzimmer. Ja, dreihundert. Guttgutt. Bad? Auch, ja, extraprima. Dabei bleibt sie dann, das ist ein Befehl: Extraprima. Und ich, eingeschüchtert schon durch ihre Zwergengestalt und ihre abschätzige Art, mit mir zu sprechen (vor allem durch eine Bildfolge über das Leben dieser Frau, die in meinem Hinterkopf abläuft), durch ihre Härte, über der nur ein Hauch von schmeichlerischer Tünche liegt, verführt durch meinen Geiz – ich lasse mir nur das Zimmer zeigen, nicht das sogenannte Bad; auch im Zimmer ist ja ein Wasserhahn, ich sehe im Vorbeigehn durch offene Türen auf Nachtlager, wie es sie seit Hunderten von Jahren gibt, eine Herberge ältester Herkunft, spüre ich, ich bestehe auf nichts. Die Zwergin schleppt uns ab in ein Büro, ein winziger lichtloser Bretterverschlag, wo ein nun wohl wirklich zweifelhafter Mensch uns Anmeldeformulare ausfüllen läßt, unsre Pässe einzieht und, als wir sie zurückverlangen, darauf besteht, daß wir in diesem Fall für drei Nächte im voraus bezahlen müssen: die Pässe oder das Geld. Wir zahlen. Extraprima, versichert die Zwergin mit dem letzten Anflug von Freundlichkeit, die sie für Gäste hat, die schon gezahlt haben, und humpelt mit dem Schlüssel voraus in unser Zimmer. Nun ja, man muß den Fußboden ja nicht mit bloßen Füßen betreten, in einen Schrank hätten wir, falls einer da wäre, ohnehin kaum etwas hineinzuhängen, nur als die Frage nach der Toilette sich stellt, ist der Befund deprimierend. Noch könnte man ausziehn, was den Verlust von neunhundert Drachmen bedeutete. Auf dem Balkon neben unserm Zimmer, in dem übrigens zwei Betten und zwei Stühle stehn und das in dem hier üblichen Blaugrün getüncht ist, breitet die Zwergin nasse Bettücher über das Geländer. Sie singt dazu, das sollte sie vielleicht nicht tun, aber schließlich ist es ihre Sache.

Während wir die Treppen hinuntersteigen, hilft uns der Einfall doch, daß wir mitten in einen Bergman-Film hineingeraten sind: Nicht Kafka, nein, Bergman. Wir beweisen uns den Unterschied und überzeugen uns, daß unsre Entscheidung für Bergman richtig war. Schon gehen wir auf Distanz. Schon rücken weder die Zwergin noch ihr undurchsichtiger Büro-Komplice uns zu nah auf den Leib, die Muster, die die Kunst uns zur Verfügung stellt, helfen uns wieder einmal über den Berg, wer möchte leben ohne sie?

Doch helfen sie nicht für lange. Die Laken nachts, die einfach zu kurz sind, bedecken die rauhen, unsauberen Zudecken nicht ganz, die Füße kommen unweigerlich mit ihnen in Berührung.

Es sollte nicht stören, aber es stört, und daß ich im Halbschlaf die Zwergin eben diese Laken über Balkongitter hängen sehe, bessert meine Lage nicht. Außerdem ist mir zum erstenmal schlecht – nicht, weil das Abendessen, das wir in unbegreiflicher Verblendung (»extraprima Menü«! hatte die Zwergin gesagt) auch noch in diesem Hotel einnahmen, noch mehr in Olivenöl schwamm als die normalen griechischen Essen; sondern weil die hin- und herschwingenden Türen hinter den hin- und hergehenden Kellnern Einblicke in die Küche zuließen, die meinen Magennerven wohl nicht gut getan hatten. Oder weil die Abendpromenade in den Straßen der Innenstadt von Heraklion nachwirkte, jener Korso männlicher Jugend, Körper an Körper, Gruppe an Gruppe, ein massiver Strom; herausfordernde Gesten, männliche Kraft- und Schönheitskonkurrenz, sich bewegend, um sich zu zeigen; blitzende Augen, unverschämte Blicke, Rempeleien, geballte Ladung aggressiver Männlichkeit, die kein Pardon kennen würde, keines kennt, wenn einer, eine sie in Frage stellt; in allen Lokalen jeder Stuhl von Männern besetzt, Männer Zeitung lesend, trinkend, diskutierend, gestikulierend, spielend: Männer, Männer. Eine Männerstadt. Angst, Abwehr, ja Abscheu haben meinem Körper ein Signal gegeben, mir wurde schlecht (nein, es waren nicht allein die schmuddligen Decken der Zwergin). Unsereins hätte, unsereins hat hier keine Chance. Der Süden. Der patriarchalische Süden.

Und auch die Geschichte der Archäologie wäre, bis weit in unser Jahrhundert hinein, als männliches Heldenepos zu erzählen, jedenfalls aus dem Selbstverständnis ihrer Protagonisten heraus. Als Sir Arthur Evans nach 1900 auf dem Hügel Kephala südlich von Heraklion zu graben begann (beginnen ließ), hatte er schon mannigfache Hindernisse überwunden und war übrigens nicht auf der Suche nach dem Thron des Königs Minos, sondern nach den Anfängen einer Schrift der Griechen, die, wie er glaubte, in Kreta zu finden sein müßten, eine Spur, der er, »wie Theseus«, »bis in die innersten Schlupfwinkel des Labyrinths folgen« wollte. In sehr tiefen, sehr alten Quellen fand sein männliches Bedürfnis nach Abenteuern Muster und Bestätigung. Jedenfalls findet Sir Arthur Evans nicht nur jenen phantastischen Gebäudekomplex, den er schnell den »Palast« nannte, sondern in der tiefsten, der neolithischen Schicht unter dem Palast außer Waffen und Keramik auch »Idole von der Art, wie Schliemann sie in den tiefsten Schichten Troias entdeckt hatte«. Eine jede Nennung des Namens »Troia« wirkte auf mich als Signal, denn in mir hatte die Arbeit an Troia, Burg und Stadt, begonnen. Hatte ich mir die Burg des Königs Priamos als einen Palast vorzustellen, ähnlich dem Palast von Knossos, den ich mir auf einem großformatigen Faltblatt, das meinem Reiseführer beilag, schon eingehend betrachtet hatte?

Wenn wir das Jahr Null unsrer Zeitrechnung als Zeitachse gelten lassen, haben die frühen Bewohner des Palasts von Knossos genauso weit von dieser Achse entfernt gelebt wie wir, allerdings in der entgegengesetzten Richtung. Ich wußte wenig, als ich endlich, von Heraklion aus mit dem Bus gekommen, im Hof des ehemaligen Palastes von Knossos stand, das war günstig und ungünstig zugleich. Unmittelbar wirkten auf mich die mächtigen Doppelhörner, die viele der oberen und äußeren Ränder der Palastbauten begrenzen, zu deuten wußte ich sie mir nicht. Deuten heißt: die Geschichte eines Phänomens kennen, und ich kannte nicht die Geschichte des Stiers im Mittelmeerraum und seinen Zusammenhang mit dem Kult des Mondes. Nur Assoziationen aus der Mythologie stellten sich ein: Minotauros, der Stier des Königs Minos (nach dem Sir Arthur Evans sich erlaubte, die ganze Kultur zu benennen, die er, staunend, begeistert, das kann man glauben, ausgrub: die minoische). Dies hier, dieser bröcklige Boden, auf dem ich stand, diese Steinplatten, mit denen der Vorhof des Palastes ausgelegt war, meldete mir mein »Blauer Führer«: genau dies sei der Boden des mythischen Labyrinths. Wenn ich weiterginge – ich tat es, die Anweisungen des »Führers« als Ariadne-Faden benutzend, einem bestimmten, in den verwirrenden Grundriß des Palastes (der sich einem ja, auf den ersten Blick, als Trümmerlandschaft darbietet) schwarz eingezeichneten Pfad folgte –, würde ich, an den alten Bewässerungsanlagen vorbei, vorbei an den riesigen Behältnissen für Vorräte verschiedener Art, stufauf, stufab, einmal mich unter Steinbögen bückend, Einblick in tiefer gelegene Räume gewinnend, dann wieder, auf einer Plattform stehend, die Übersicht über das ganze Palastgelände genießend, auch zu den von Evans rekonstruierten Teilen des Bauwerks gelangen, jener Konzession an die Phantasie des Publikums: den leuchtend rotbraunen, nach unten hin sich verjüngenden Säulenreihen (die nicht aus Stein, sondern aus Zedernstämmen verfertigt wurden), und dann schließlich zu den rekonstruierten Fresken an den Wänden gewisser Innenräume.

Diese Begegnung versetzte mich in eine Erregung, die, kaum gemildert und abgebremst durch die Lektüre späterer Kommentare, Einwände, Ablehnungen der Evansschen Methode der Rekonstruktion, Zweifel an ihren Ergebnissen, bis heute anhielt und doch wohl einer Erklärung bedarf – besonders, weil sie so viele Anhänger der minoischen Kultur mit mir teilten und teilen. Was sah ich? In leuchtenden Farben gehaltene Fresken, phantastische Pflanzen- und Tierformen; jene Stelle, an der das berühmte Stierspringer-Fresko war, das wir im Museum von Heraklion fanden: auf dem ein Jüngling in tollkühnem Sprung über einen kraftsprühenden Stier hinwegsetzt und von einer anmutig schönen Frau aufgefangen wird, während wiederum eine Frau den Stier bei den Hörnern gepackt hält. Gleichviel – beinahe gleichviel – was diese Szene darstellt: eine Opferhandlung, die tödlich enden konnte und die griechische Angst-Sage von dem wilden Minotauros, der ihre Jünglinge verschlingt, erklären würde; eine symbolische Kulthandlung, ein sportliches Spiel: es bleibt die Konfrontation mit dieser Malerei, mit dem Palast von Knossos und, einen Tag später, dem von Phaistos einer der seltenen Fälle, da die erste Begegnung durch Nacharbeit in Büchern an Schmelz nicht verliert, eher gewinnt.

Da endlich, eingeritzt in den Stein, hätten wir auch die Doppelaxt, die Labrys, die Helen und Sue uns besonders ans Herz gelegt hatten: das Labyrinth, sagen manche Forscher, habe von der Labrys seinen Namen bekommen (andre bestreiten das entschieden, mit guten Gründen, wie mir scheint); dies wiederum sei ein Zeichen des kretischen Zeus, geboren bekanntlich auf dem kretischen Ida-Berg. Hier nun, in Knossos, begleitet sie uns als Wegmarke, manchmal in dem rauhen unebnen Stein kaum auszumachen, dann wieder in Mengen eingeritzt, auch als eine Art Fries. Wir werden sie wiedersehen auf den einfachen, außerordentlich lebendigen, ja poetischen Darstellungen des

Göttinnenkults an den kleinen minoischen Siegeln im Museum von Heraklion. Nie, heißt es nun, habe man die minoische Doppelaxt in der Hand einer männlichen Gottheit gefunden. Die Axt sei neben der Säule – dem stilisierten heiligen Baum – und dem Stiergehörn eines der charakteristischen minoischen Symbole; ihre Heiligkeit verdanke sie wohl ihrem ursprünglichen Zweck, dem Holzfällen – in primitiven Gesellschaften eine Arbeit der Frauen. Über ihre Identifikation mit dem Blitz, der Regen herbeizieht, über die allmähliche Überführung der kretischen Muttergöttin Eileithya in den olympischen, männlich regierten Götterhimmel, mit Zeus an der Spitze und seiner Gattin Hera neben ihm – über diesen langwierigen, von Kämpfen und Konflikten und Niederlagen gezeichneten Weg kam die Doppelaxt in die Hand des Zeus – und, indem sie den Weg zurückverfolgten, übernahmen die amerikanischen Feministinnen sie als Symbol.

Sue und Helen hatten, als wir sie wiedertrafen, nicht eine der Doppeläxte von Knossos, nicht eine der Darstellungen der Göttinmutter im Museum von Heraklion versäumt – angefangen von jenen Idolen aus dem Neolithikum, breitgesäßige, gebärfreudige, fruchtbare Frauengestalten, Vorstufen der Göttin Demeter, der Erd- und Fruchtbarkeitsgöttin, die auch die Hellenen übernehmen. Wo immer die Wissenschaft Schächte grub, Erdschichten abtrug, in Höhlen vordrang, stieß sie in den tiefsten Schichten auf diese Göttin, und es ist des Nachdenkens wert, warum Frauen von heute aus dieser Tatsache einen Teil ihres Selbstbewußtseins und eine Rechtfertigung ihrer Ansprüche ziehen müssen.

Was hilft es uns zu wissen, daß die alten Griechen allmählich »Mutterrecht« durch »Vaterrecht« ersetzten; was beweist die anscheinend verbürgte Tatsache, daß den frühen, Ackerbau treibenden Clans Frauen vorgestanden haben; daß die Kinder, die sie zur Welt brachten, ihnen gehörten, daß sie auch in späteren hochorganisierten Königreichen noch die Erbfolge bestimmten, daß aller ursprüngliche Kult, daß Tabu und Fetisch, Tanz, Gesang und viele frühe Handwerke von ihnen ausgingen? Zeigt nicht vielleicht dieser Rückgriff in unwiederbringliche Früh-Zeiten mehr als alles andre die verzweifelte Lage, in der

Frauen sich heute sehn? Wenn der erste Blick auf die minoischen Malereien – auf ihre Rekonstruktionen – ein freudiger Schrek-ken, merkwürdig genug: ein Wiedererkennungsschrecken ist: die Gefilde der Glücklichen, es gibt sie, man wußte es ja – so werden sie durch eine nähere Kenntnis der Verhältnisse, die sie hervorbrachten – anscheinend für eine gewisse historische Peri-ode in einer produktiven Balance gehalten, aber doch nicht, wie man zuerst unvernünftig zu hoffen wagte, doch nicht eine Insel der Seligen außerhalb der Koordinaten ihrer Zeit – nicht entzau-bert. Nicht nur die Palastmaler, auch der überlieferte Mythos, die Erzähler, haben große Bilder an die Wände der kretischen Paläste geworfen – seien sie nun der Sitz des Königs, seien sie Heiligtümer –, untilgbare Bilder, scheint es, unausschöpfbar in ihrem Wirklichkeitskern und in ihrer Vieldeutigkeit. Den My-thos lesen lernen ist ein Abenteuer eigner Art; eine allmähliche eigne Verwandlung setzt diese Kunst voraus, eine Bereitschaft, der scheinbar leichten Verknüpfung von phantastischen Tatsa-chen, von dem Bedürfnis der jeweiligen Gruppe angepaßten Überlieferungen, Wünschen und Hoffnungen, Erfahrungen und Techniken der Magie – kurz, einem anderen Inhalt des Begriffs »Wirklichkeit« sich hinzugeben. Nicht bei meinem ersten Be-such, erst allmählich, in der Erinnerung, belebten sich die Anlagen von Knossos und Phaistos mit einem Gewimmel von Leuten – Minoern, deren Gesichtszüge, wenn wir sie dem Porträt »Pariserin« (die eigentlich eine Priesterin sein soll) und dem des »Lilienprinzen« (ebenfalls wohl ein Priesterjüngling) entnehmen, dir heute noch plötzlich an einer jungen Frau, die im Bus eng angedrückt an dich steht, an einem jungen Mann vor einer der Dorftavernen entgegentreten können; Leute der ver-schiedensten Berufe, die alle – was hatte man sich denn gedacht – fein eingepaßt sind in ein hierarchisch gegliedertes Gemeinwe-sen, in dem, wie es scheint, das Priesteramt der Frauen, ihre Anwesenheit bei religiösen Spielen, sogar ihre Teilnahme bei so gefährlichen Übungen wie dem Stiersprung, Relikte aus älteren, noch stärker matristisch bestimmten Zeiten sind; so daß der Feuereifer, die Begeisterung von Sue und Helen, die wir vor den Frauenidolen im Museum von Heraklion wiedertreffen, ihre beinah zärtliche Anteilnahme an den Tonfiguren der Schwangeren, der Mütter mit den Neugeborenen an der Brust, vielleicht einen irrationalen Zug haben. Doch auch ich bin am stärksten angerührt von diesen kleinen Terrakottafiguren, die keine Ideale bilden wie die Kunst des klassischen Altertums, sondern alle Spuren des Alltagslebens tragen, die Abdrücke der Finger, die sie geformt haben, und die mir, viel stärker als irgendein Apollon von Belvedere, das Gefühl vermitteln, daß es, im Grunde, die gleichen Menschen waren, wie wir es sind, die damals, vor vier-, fünf- und mehrtausend Jahren eine Göttin um Kindersegen anflehten oder ihr dafür dankten. Daß »sie« es waren – richtiger: die Tausende von Generationen vor ihnen, die beinahe zeugnislos im Dunkel der Frühgeschichte versanken –, die mit dem Grundnetz menschlicher Beziehungen, mit dem allmählichen Übersteigen der Notwendigkeiten von Instinkt und fast tierischen Überlebenstaktiken, auch jenes Netz zu knüpfen begannen, dessen Kettfäden heute noch das Muster unseres Denkens bestimmen, und, wie ich glaube, auch die Richtung unserer Sehnsüchte. Denn nicht nur Wirklichkeitssinn – »Naturalismus«, wie die Kunsthistoriker sagen –, auch Sehnsucht muß die Hand der minoischen Maler geführt haben, als sie ein derart lebenssprühendes, in leuchtende Farben getauchtes Bild ihres Lebensgefühls entwarfen, das ja nicht nur, weil es später entdeckt wurde als andere Frühkulturen, in einem solchen Maß die Phantasie ihrer Entdecker, aber auch der unzähligen Besucher anregt, die sich aus tieferen Schichten des Menschen speist. Denn manche der Deutungen, die man den Erscheinungsformen dieser Kultur gab (besonders, so lange durch die Vagheit der wissenschaftlichen Erklärungen der Inspiration noch keine Grenzen gesetzt waren), spiegelt die unbewußten, um so stärker wirkenden Wünsche der Deuter: Arthur Evans selbst, beeinflußt natürlich durch die Fin-de-siècle-Kultur seiner Zeit und seiner Herkunftswelt, projiziert einen Zeit-Blick auf seine Funde, denen sich spätere, weniger phantasievolle, weniger besessene, nüchternere Forscher schwer entziehen können – besonders, weil das Publikum der westlichen Welt sich inzwischen sein Bild gemacht hatte von jener Kultur, aus der es die seine gerne entwickelt hätte: eine heitere, produktive, dem einzelnen zwischen Freiheit und Bindung Entwicklungschancen lassende, vor allem: *friedliche* Kultur, in die der Code unvermeidlichen Untergangs durch eigenes Verschulden nicht eingegeben war und für die man, um ihre Vernichtung zu erklären, allein Naturkatastrophen bemühte. Die möglichst der Zersetzung durch soziale Prozesse, dem Zerfall durch Ermattung, durch Verkehrung des einst produktiven Antriebs nicht ausgesetzt sein sollte. Die Brandspuren an den Palästen, die wir in Knossos sahn, sollten samt und sonders aus Feuern nach den Erdbeben herrühren. Die Tatsache, daß bis vor kurzem nicht ein einziges menschliches Skelett in den verlassenen Palästen sich fand, sollte sich aus dem Auszug aller Einwohner nach den ersten Anzeichen eines neuen Erdbebens erklären. Daß die Paläste nicht befestigt, nicht durch Wälle geschützt waren, bestätigte nur den friedlichen Charakter der Minoer – ein Volk übrigens, das es nicht gab, das von Evans nach seinem vermutlichen König getauft wurde, und das die Ägypter, wie man inzwischen weiß, »Keftiu« nannten: Alles, was wir nicht leisten können, sollte ihnen möglich gewesen sein, Sinn in der Arbeit finden, eingebunden sein in eine soziale und religiöse Gemeinschaft, ohne sich selbst dabei auf automatisches Funktionieren reduzieren zu müssen, gewaltfrei nach innen, gewaltfrei nach außen zu leben – eine Insel der Vollkommenheit. War also die Sage vom menschenfressenden Minotauros, dem alle neun Jahre sieben athenische Mädchen und sieben Jünglinge dargebracht, das heißt: geopfert werden mußten, eine reine Erfindung der beleidigten Griechen? Oder: Wie sollte man den Mythos vom Raub der phönikischen Prinzessin Europa durch den kretischen Minos, in einen Stier verwandelt, verstehen; hatte man nicht zu realisieren, daß in dieser mythologischen Darstellung Europa auf den Namen einer von Kretern geraubten und vergewaltigten Prinzessin aus dem Vorderen Orient getauft wurde, ein Name, der übrigens »die Düstere« bedeutete?

In der Zeit, da ich ein paar Vormittagsstunden lang in den Ruinen von Knossos, planlos, durch die Erklärungen eher verwirrt als geleitet, umherlief und durch einen Erreger infiziert wurde, der das leichte, zu Hause eher sich steigernde Dauerfieber auslöste, das man vielleicht Kreta- und Troia-Syndrom nennen könnte und dessen Zusammensetzung ich gerne analysieren würde: vorbereitet, wie ich zu zeigen versucht habe, durch die Obsession von einem Namen: Kassandra – (denn der war es, der wie ein Signal immer wieder aufleuchtete); während wir uns aufmachten, weiterzufahren nach Phaistos und danach zum Süden der Insel (und die Einsicht, daß wir uns mitten in einem der ganz wenigen heute noch möglichen Abenteuer befanden, einem Abenteuer des Geistes, mich erst verspätet traf) – während dieses Tages mag, wie vorher und nachher, jene Ausgrabung wenige Kilometer südlich von Knossos weitergegangen sein, über die dann im April 81, ein Jahr danach, in einer Zeitung berichtet wurde: Der Direktor des archäologischen Museums von Heraklion fand, gemeinsam mit seiner Frau, in dem Dorf Archanes die Reste eines Tempels aus der minoischen Periode, und in diesen Resten wiederum Reste von menschlichen Skeletten – zum erstenmal! – deren Anordnung kaum Zweifel daran läßt, daß das eine dieser Skelette ein Priester, ein anderes ein gerade geopferter Mann gewesen sein muß: Ein Opferritual, das durch die Naturkatastrophe unterbrochen wurde, gegen die es sich vielleicht gerade beschwörend gerichtet haben mag. – Und nahe beim Palast von Knossos fanden inzwischen britische Archäologen unter den Resten eines um 1450 zerstörten Hauses die Knochen von zehn Jugendlichen, an denen sich Spuren finden, die nicht ausschließen, daß der ganze Fund ein Zeugnis für einen religiös-rituellen Kannibalismus darstellt.

Die Leiche im Keller, ein bis zum Überdruß in der Kultur des Abendlands variiertes Motiv. Antonis, der uns später in Athen in die älteste und, wie er sagt, beste Taverne führt, die in der Plaka liegt, hat, früher als wir, von Opferfunden gehört. Die minoische Kultur ist ein Rätsel, sagt er, und wird es immer bleiben. Es scheint, daß sie, je mehr man von ihr weiß, um so stärker die Tendenz zeigt, von einem Wunder zu einer zwar immer noch wunderbaren, doch aus den Bedingungen von Zeit und Ort gewachsenen Erscheinung zu werden: mit theokratischer Hierarchie, mit feudalem Klassen- und Schichtensystem, mit Ausbeutung und Sklaverei. Kein Grund zu einer ähnlichen Idealisierung, wie sie unsere Klassiker mit dem klassischen Altertum vornahmen – welches uns starr und steif und durch sie verkannt vorkommt. Es wird also die Verehrung von Menschen als Götter oder gottähnliche Wesen gegeben haben, die Art der Entfrem-

dung und Denk-Begrenzung, die daraus folgt; es wird Sklaven-
arbeit gegeben haben, große Gegensätze von Armut und Reichtum; es wird zunehmend einen Zentralismus gegeben haben.
Aber die Frauen. Merkwürdig war es schon, da mußte ich Sue
und Helen recht geben, die mir entsprechende Stellen in unseren
verschiedenen »Führern« zeigten: merkwürdig ist es schon, daß
sie alle sich scheuten, Schlüsse aus der Tatsache zu ziehn, daß
Frauen in der Malerei der minoischen Künstler einen derart
beherrschenden Platz einnahmen; wenn Menschen der westlichen Zivilisation ganz allgemein Kreta zum Gelobten Land
rückwärtsgewandter Sehnsüchte machten: Feministinnen, in der
Frauenbewegung engagierte Frauen sahen in den Königreichen
der Minoer *die* Gemeinwesen, an die ihr sehnsüchtiges utopisches Denken, durch Gegenwartserfahrung und Zukunftsangst
in die Enge getrieben, als an ein Konkretum anknüpfen konnte.
Es *gab es* doch einmal, das Land, in dem die Frauen frei und den
Männern gleichgestellt waren. In dem sie die Göttinnen stellten
(merkwürdig schwer fällt es vielen männlichen Archäologen und
Altertumswissenschaftlern, zu erkennen, dann anzuerkennen,
daß alle frühen Gottheiten weiblich sind: Oft, denke ich, ziehn
sie es vor, weder Engels noch Bachofen noch Thomson und
Ranke-Graves zu lesen); in dem sie bei allen öffentlichen Vor-
führungen auf den bevorzugten Plätzen sitzen, in festlich-freier
Aufmachung; in dem sie bei den rituellen Übungen mitwirken,
sogar die Masse der Priesterinnen stellen. Ein Land, in dem sie,
wie man inzwischen zu wissen glaubt, Kunstausübende und
Kunstanregende sind; ein Land, in dem offenbar die matrilineare
Erbfolge nachwirkt, die Erbschaft eines männlichen Königs-
nachfolgers also nur über die Töchter des Königs möglich ist.
So, in sanften Vorstellungen befangen, von denen wir nicht
ahnen, daß sie höchstwahrscheinlich Irrtümer sind – eingegeben
von Archäologen, die diese Irrtümer genauso stark brauchten
wie ihr Publikum; sehend, was wir sehen *wollen*, streifen wir
durch die Trümmer von Knossos und Phaistos; sitzen am
Südsaum der Insel, an der Bucht von Matalla, wo wir endlich mit
eignen Augen das Blau von Himmel und Meer ineinander
übergehn sehen und anfangen, die Farbe nördlicher Himmel zu
vergessen. Die Höhlen in den zum Meer hin steil abfallenden

Berghängen. Dort habe man »früher«, was immer das heißt, die Toten bestattet. Noch früher gewohnt. Vor wenigen Jahren noch hätten »Hippies« – schon beginnt mit der Erscheinung das Wort aus dem Gedächtnis zu schwinden – dort im Sommer ihr freies, wenn auch nicht unbeargwöhntes Leben geführt. Jetzt durchstreift ihre Nachhut, sehr junge Leute aus fast allen Ländern Westeuropas, mit schreiend orangefarbenen Rucksäkken auf Tragegestellen, diesen Küstensaum, diese Höhlen; mieten sich für fast kein Geld in Zimmerchen der armen Bauern in den Dörfern ein, leben wie sie für Pfennige von Schafskäse, Tomaten, Brot und Olivenöl, ziehen nach Tagen weiter um die Insel, zum nächsten Halteplatz, auf der Suche nach etwas anderem. Als könne der alte Kontinent, jetzt, da die Impulse auslaufen, die seine Kultur einst von dieser Insel, aus Griechenland empfing, noch einmal von hier, indem seine Jugend auf noch frühere Zeit- und Kulturschichten zurückgreift, eine Erneuerung empfangen. Als könne man – als könnten wir – unbekümmert miteinander vermischen, was uns an allen Zeiten gefällt – oder was uns an dem *Bild* gefällt, das wir uns von den Zeiten machen; als könnten wir das Maß, nach dem es vielleicht auch diese Jungen unbewußt verlangt, da finden, wo es aus striktester Gebundenheit eines jeden an sein »Los«, aus unveränderlichen Abhängigkeiten an soziale Gegebenheiten erwuchs; als könnten wir zugleich vollkommen ungebunden und maßvoll sein.

Daß die Minoer Sklaven arbeiten ließen, auch Sklavinnen, natürlich, wollen Sue und Helen nicht wahrhaben. Hier, denke ich, auch hier, in der Hafenbucht von Matalla, sind sie angekommen, auf wahrscheinlich primitiven Schiffen, von deren Bauart ich mir noch keine rechte Vorstellung mache. Wenn, merkwürdig genug, die Paläste der Minoer (wer immer sie gewesen sein mögen) tatsächlich unbefestigt waren – heißt das denn wirklich, *kann* es heißen, daß auf Kreta ein friedliebendes Volk lebte, mit schwerbewaffneten kriegerischen Nachbarvölkern Handel trieb und sich über Jahrtausende halten konnte? Daß die Küstenbewachung Schutz genug bot? Natürlich, die umliegenden Berge liefern ideale Voraussetzungen für Beobachtungsposten, die fremde Schiffe, auch ohne Fernrohr, ausmachen können, wenn sie noch weit genug draußen sind . . . Troia jedenfalls, die Feste

Ilion, war nicht unbefestigt und unbewaffnet. Allerdings lag sie nicht auf einer Insel, sondern am westlichen Küstenrand von Kleinasien, der in alter Zeit von verschiedensten Völkern durchzogen wurde, im Rücken unter anderen Staaten das mächtige Hethiterreich, und seiner Lage wegen berufen, den Zugang zu den Dardanellen zu sichern. Aber ich kann es nicht ändern, meine Vorstellung von einer Hafenbucht, in die Schiffe einfahren, an deren Ufer man stehen und sie erwarten kann – Schiffe, auf denen Waren kommen, Händler, auch eine geraubte Braut, dann die Feinde – meine Vorstellung von dem Meer, auf das Kassandra blickt, wird hier geprägt.

Am Strand die Holzbuden der Händler, die schafwollene Pullover, bunte Taschen, die kretischen Teppiche und Decken verkaufen. Im Bus fährt abends der gleiche Kontrolleur mit uns zurück, der uns schon vor Phaistos hierher begleitet hatte, nun mit einem Riesenstrauß langstieliger Feldblumen, wieder sehr daran interessiert, uns davon zu überzeugen, daß Kreta das schönste Land der Welt ist. Immer noch sitzen die alten Männer – aus denen sich Aischylos ganz gut seinen »Chor der argivischen Greise« zusammenstellen könnte – vor den Dorftavernen, jetzt nicht mehr Kaffee türkisch, sondern ein Glas Retzina vor sich, daneben die heftigen jüngeren Männer, an den Tischen dabattierend, und auf den winzig kleinen Hofstellen sieht man die Frauen hantieren, mit Eimern, Gerät. Am Rande größerer Dörfer die Neubauten, Betonwürfel, deren untere Etage ausgebaut und bewohnbar ist, während das zweite, oft das dritte Stockwerk als Betonskelett aufragt, wartend auf den Zeitpunkt, da der Bauherr wieder flüssig ist und weiterbauen kann. Den Schönheitssinn ihrer entfernten Vorfahren haben sie nicht geerbt, oder vielmehr, er ist hier wie überall zerstört worden durch die Vorherrschaft der Effektivität über alle anderen Werte. Die Frauen hängen einstweilen in dem nach allen Seiten hin offenen, aber doch überdachten obersten Stockwerk die Wäsche auf.

Der Bus, der sich, je näher wir Heraklion kommen, um so mehr mit Touristen füllt, schaukelt durch die Messara-Ebene, vorbei am Berg Ida, den wir nicht mehr sehen, in dessen Höhle jener Gott geboren sein soll, der später dem hellenischen Pantheon vorstand: Zeus. Diesmal sind wir klug genug, nicht in unserem

Hotel zu essen, den Geruch schlechten Olivenöls aus der Küche zu meiden, »extraprima« woanders unser Glück zu versuchen. Daß die rauhen, nicht ganz sauberen Decken wieder an meinen Füßen kratzen, ist eigentlich nicht schlimm, die geräuschvolle Heimkehr einer großen Rucksackschar gegen Mitternacht höre ich im Halbschlaf, ohne daß sie mich stört, und daß ich am nächsten Morgen auf der Suche nach einer Dusche, die diesen Namen verdienen würde, hier und da in Winkeln auf einen Schläfer stoße, der es sich auf einer Matratze bequem gemacht hat, seinen Anorak über den Kopf gezogen – das kommt mir nicht befremdlich vor. Hypnotisiert schaue ich im Museum in die weit offenen, starren Augen der Schlangengöttin aus dem Palast von Knossos und suche den Blick ihrer Vorgängerinnen, der großen Terrakottafiguren mit den erhobenen Armen: anbetend? flehend? klagend? gebärend?

Sue und Helen verachten alle männliche Kunst, alle Abbilder des Mannes. Vor dem Diskos von Phaistos, dessen Schriftspirale – ein Hymnos? eine Totenklage? – bisher nicht zu entziffern ist, stehn wir länger, warten auf die ehrfurchtsvollen Gefühle angesichts der frühesten Schriftzeichen unseres Kulturkreises. Soll man die Entschlüsselung aller Geheimnisse wünschen? dachte ich damals noch, ein wenig schadenfroh auch gegenüber den Zeitgenossen, denen es nicht gelingt, in das Zeichensystem der Früheren einzudringen. Inzwischen ist meine Gier nach den Geheimnissen der Alten – die im Vergleich zu den »alten Griechen« die Ur-Uralten sind – gewachsen. Gerne wüßte ich, was der Diskos sagt. Zur brennenden Frage wurde mir das umstrittene Problem des Untergangs dieser Kultur: durch Naturkatastrophen? Durch Kämpfe im Innern? Durch den Einfall der Achaier, später der Dorer vom griechischen Festland her? Die Zerstörung Troias soll zwei, drei Generationen nach der Blütezeit der kretischen Paläste stattgefunden haben. Die erste gemeinsame Quelle für beides: für die Zerstörung Troias durch die Achaier und für die Existenz eines kretischen Königs namens Minos, ist Homer, ist das Epos auf der Grenze zwischen Mythos und Geschichtsschreibung. So beredt die Steine, so aussagekräftig Spatenfunde sind, ausreichend für die Kenntnis von Geologie, Pflanzen- und Tierwelt – die wirklichen Mitteilungen über menschliches Zusammenleben bringt die Sprache, bringt Literatur. Strukturen, die sie vermittelt, sind durch Bauwerke, Gefäße, Standbilder, selbst durch Malerei nicht oder nur bedingt mitteilbar. Die Züge der Frauen mit den entblößten Brüsten auf den Wandbildern von Knossos: Sind sie edle Damen, den Sportspielen zuschauend? Priesterinnen beim Vollzug einer Kulthandlung? Klageweiber bei Festspielen für Tote? »Die Pariserin« des Arthur Evans: Eine einzige Zeile eines Liedes, gar die Schilderung in einem Epos könnte ihr Geheimnis entschlüsseln. Diese Zeile liegt uns nicht vor.

Die Vieldeutigkeit der minoischen Kultur ist ein Teil ihres Zaubers. Kein späteres Denkmal hat ihn für uns übertroffen – nicht das Minarett in Rethymnon aus der Zeit der Besetzung Kretas durch die Türken, das wir bestiegen, nicht die venezianischen Anlagen und die pittoreske venezianische Altstadt von Chanìa – sie befriedigten unsere Neugier, unseren Schönheitssinn, unser historisches Interesse und unser Bedürfnis nach Exotik: Die Minoer hatten mit ihren »Palästen« unsere Phantasie und, in noch tieferen Schichten, die verschüttete Hoffnung auf ein »gelobtes Land« erweckt. Mehr als nur Bildungshunger begann sich da zu regen. Später fand ich eine Notiz, der König Priamos, Vater der Kassandra und Verlierer des Kriegs um seine Stadt, trage eher Züge eines kretisch-minoischen als die eines achaischen Heerführers und Fürsten. Die Historiker haben sich daran gewöhnt, helle und düstere Farben nebeneinander zu stellen. Wir selbst, von Chanìa aus übers taghelle, sonnenblendende Mittelmeer, über dem wie ein fester Block der blaue Himmel lag, zurückgekehrt in den Festlandshafen Piräus – wir sollten erst noch das christlich-orthodoxe Griechenland erleben, ehe wir auf den Peleponnes fahren konnten, nach Argos, der Stadt des Agamemnon, nach Mykenae, der Atriden-Burg, dem Schlachthaus der Klytaimnestra. Der Stätte, an der Kassandra starb.

Die Feierlichkeiten begannen als Burleske, mit einem Einschlag von Gaunerkomödie. Sehr viele Athener sind Athener der ersten oder zweiten Generation und besitzen noch ein Dorf: »Mein Dorf«, sagen sie. N.s Dorf liegt in der Nähe der thessalischen Stadt Karditsa, fünfhundert Kilometer nördlich von Athen, und ist am Karfreitag, wenn »ganz Griechenland« unterwegs ist und »ganz Athen« den kleinen provinziellen Athener Bahnhof belagert, schwer zu erreichen, das mag man glauben oder nicht. In einer Menschenmauer standen wir am Bahnsteig und sahen unsre Aussichten schwinden, da kehrten die beiden jungen Männer wieder, die schon, als wir die Bahnhofshalle durchquerten, eindringlich auf N. eingeredet hatten, Vorschläge, die der abwehrte und uns nicht übersetzte. Jetzt schien die Sache der beiden günstiger zu stehn, N. hörte sie an, flüsterte mit C., dann hieß es: Wir *könnten* auch mit einem Bus fahren. Dieser Bus, zu dem uns ein Taxi brachte, dessen Fahrer mit den jungen Männern Hand in Hand arbeitete, war ein Schwarzbus, für diese einträgliche Tour einem regulären Busunternehmen entzogen; er wartete, bis immer mehr Reisende mit Sack und Pack und mit immer neuen Schreckensmeldungen über die Zustände auf dem Bahnhof ihn gefüllt hatten; die hilfsbereiten jungen Männer konnte man nach Aussehen und Gehabe ebensogut als Entführerbande deuten, den Bus nach Saloniki ebensogut als ein Gefährt in den Orkus, das war uns sonnenklar und trübte unsre Laune nicht. Der Fahrpreis war niedriger, als er auf den Bahn gewesen wäre; als wir endlich losfuhren, schaltete der Fahrer, den wir, wie es sich für den Matador gehört, ganz zuletzt erst zu Gesicht bekamen, das Autoradio an. Die Musik, die in einer Lautstärke, die wir nur für ein Versehen halten konnten, fünf Stunden lang den Bus erschütterte, wurde dann die Prüfung für unsre mitteleuropäischen Ohren und machte wohl unseren Anteil an der Strafe für die Schwarzfahrt aus. Die Leute müßten ihren Spaß haben, behauptete der Fahrer unerschütterlich gegen N.s Vorhaltungen, und keiner der Griechen verzog auch nur eine Miene; wir wußten nicht: Störte der enorme musikalische Lärm sie wirklich nicht (wir mußten uns die Ohren mit Wolle verstopfen, weil sie schmerzten), oder war ihr Schweigen nur ein neues Beispiel für ihre totale Teilnahmslosigkeit gegenüber allen Mißständen, die nicht unmittelbar sie selbst und ihre Familie betrafen. Mir sind sogar die Erinnerungsbilder der Landschaft, die wir durchfuhren, die Farben von Meer, Himmel, Bäumen auf der Küstenstraße verdorben durch die reflexhaft damit verbundene Erinnerung an die akustische Folter durch Schlagermusik. Aber wir erreichten Larissa, wir stiegen um und gelangten nach Karditsa, wir bezogen unser schmales Hotelzimmer und durchstreiften eine nordgriechische Provinzstadt, die sich auf Ostern vorbereitete.

Im Mittelpunkt der griechischen Osterfeiern steht das geopferte Lamm, wie es auch vor drei-, viertausend Jahren im Mittelpunkt der Frühlingsfeiern, der Demeter- und Fruchtbarkeitskulte, der Dionysosmysterien an den verschiedenen Kultstätten, Heiligtümern und Tempeln der Völker dieser Region gestanden haben mag. Oder vielmehr: gelegen; denn das abgestochene Lamm – das ja übrigens in der sogenannten »grauen Vorzeit« ein Mensch gewesen ist, vielleicht ein Jüngling, der seinerseits ein Stellvertreter des Gottessohnes Dionysos war; das also an die Stelle des Menschen rückte, für ihn eintrat als Sündenbock und erst am Beginn des Christentums wieder, noch einmal, angeblich zum letzten Mal, durch einen Menschen dargestellt wurde –, das Schlachtopfer, dessen Blut in Strömen fließt, aufgefangen von Frauen in großen Schüsseln, es stürzt natürlich zu Boden, es liegt auf den Schlachtblöcken der Schlächter oder auf dem bloßen Stein in den Höfen der Bauern von Ambeliko, N.s Dorf; es hängt hundertfach an den Haken der Schlächterläden: Eine Stadt, ein Dorf, ein ganzes Land voll fromm geschlachteter Lämmer, und in den Kirchen und auf den Marktplätzen werden, wie vor dreitausend Jahren, die Altäre mit Blumen und Puppen geschmückt – jene Heiligen darstellend, die bei den Alten die Heroen waren, deren Gebeine auch ihnen schon segensreich schienen, deren Gräber auch ihnen zur heiligen Zone wurde. Nie sah ich wie hier, daß man die Kulturschichten nicht voneinander abheben kann, daß sie einander durchdringen, daß durch den heutigen Kult der frühere durchscheint, durch diesen der noch frühere. Daß es kaum Dauerhafteres gibt als die Rituale, die der Erzähler nach Bedarf umzudeuten hat. Hinter der säkularisierten Erzählung die Heiligenlegende, vor dieser das Heroenepos, vor diesem der Mythos. Die Erfahrung von Zeittiefe an einem Ort, der fremder kaum sein könnte.

Was glauben denn wir?

Am Sonnabend früh ist es unser Amt, mit N. in der Markthalle beim Schlächter seiner Familie die drei Lämmer abzuholen;

zuzusehn, wie der freundliche grobe Mann die abgezogenen Kadaver der Tiere aufspießt, wie er den Eisenspieß vom Hinterteil her durch das Fleisch sticht, bis er vorn durch das Maul herauskommt. Abtransport: mit zwei Lämmern zwischen uns, vorn ich, in jeder Hand einen Vorderspieß, nach den Lämmern G., die Enden der Spieße in der Hand, laufen wir in merkwürdiger Formation durch die quirlige Stadt. Man zeigt uns das Gärtchen, hinter dem Haus von N.s Bruder, in dem (wenn es nicht regnet – unvorstellbarer Alptraum!) morgen die Opferfeuer brennen werden.

Zu dreizehn Personen in zwei Autos fahren wir dann dem Gebirgszug entgegen, endlich zu N.s Dorf. Da lag es, an den Ausläufern der Berge, lag es nicht schön? Jetzt würden wir eines der schönsten griechischen Dörfer zu sehen kriegen, das es überhaupt gab. Und einer der weißen Punkte, den wir lange schon wahrnehmen konnten, er wurde uns genau bezeichnet, das war es, DAS HAUS. Eine steile, enge, steinige Dorfstraße hinauf, nun kam schon der Zaun, den N. hatte setzen lassen, das Tor. Und dieses nun, endlich und wirklich, das Haus. Nie vorher hatte ich ein Haus gesehen und betreten, das so wie dieses Symbol für alles war, was, seit es Häuser gibt, ein Haus für Menschen sein kann: Heimat und Fluchtpunkt und Herberge und Schutz und Zeichen der Selbstbehauptung. Das Haus hatte vier starke Wände aus Felssteinen, Fensterhöhlen, Türen, Fußboden und Decke. Sonst nichts. Auf einer Leiter kletterten wir in den ersten Stock. Aus diesen Fenstern mußte man über die thessalische Ebene geblickt haben. Was sagt ihr. Ist es nicht schön. – Es war schön, und es mußte unvergeßlich und unverwindbar sein, wenn man hier Kind gewesen war, ausgetrieben wurde und nicht zurückkehren konnte.

Morgen war Ostern.

Auf den kleinen engen Höfen rundherum schrien und bluteten die Lämmer, die geschlachtet wurden. Vom Platz vor der Taverne, noch höher am Berg, sahn wir das große Gebäude der Kirche, schier zu groß für ein Dorf wie dieses, umgeben von den meist kleinen, meist armen Dorfhäusern. N., der seit Wochen als Bauherr in dem Dorf gelebt hatte, kannte die Männer, wurde von ihnen angesprochen, nannte sie »Freunde«. Er hat sein Haus aufbaun müssen, wer immer wann immer darin leben würde. Unser Zweckmäßigkeitsdenken verlor an Boden, zog sich zurück.

Da war noch, in einem Dorf in der Ebene, ein Bruder von N.s Mutter – wäre es nicht gut, nein: angebracht und eigentlich unumgänglich, ihn aufzusuchen? Ein Umweg von einer kleinen Stunde. Der Mutterbruder und die anderen Männer waren in der Taverne und wurden herbeigeholt. Sie trugen sonntäglich schwarze dicke Tuchanzüge, die Frauen und die Kinder saßen in der Stube vor dem Fernseher, sofort sprangen sie auf, strichen an ihren Röcken herum, hießen uns Platz nehmen und boten uns, als Willkommen, das »Süße vom Löffel« – vielleicht ein Brauch aus der Vorzeit, da man die Schlangen in den Heiligtümern, auch die Toten, mit Honig bewirtet hat, da diese Gabe für die Besten, also auch den Gastfreund, gerade gut genug gewesen ist; nicht mehr reiner Honig, aber Zuckerzeug, Kandiertes, wie alles Süße hier sehr süß, wird angeboten mit einem Glas klaren kühlen Wassers. Wir kosten beides. Dann gibt es Wein von den eignen Trauben, Selbstgebrannten, dazu Gebäck. Ein langsames Gespräch über ländliche Dinge, über Familienangelegenheiten. Die Lebensweise in den Dörfern bleibt stabil gegen die politischen Exzesse dieses Jahrhunderts – das hat seine zwei Seiten; die Kehrseite ist, unter anderm, das unverändert eingeschränkte Arbeitsleben der Frauen. Weit schwieriger als in Mitteleuropa muß es sein, in diesen Dörfern einen Flucht- und Auffangpunkt für zivilisationsmüde Städter zu sehn. Immer wieder flackert hinter dem trügerischen Familienfrieden, der sich aus den totalen Bindungen der Frauen an das Schicksal der Männer ergibt (eigentlich an das Schicksal, Frau zu sein), auch der unauflöslichen Bindung der Söhne an ihre Familien – immer wieder schießt daraus die barbarische Handlung, als Ausbruch, auf. Oder eine Andeutung von Verzweiflung über lebenslanges stilles Dulden und Leiden. Die sich heute in die Vorteile von Agrargesellschaften zurückträumen, haben nie in einer von ihnen gelebt.

Zurück nach Karditsa. Die Osternacht steht bevor.

Nachts, kurz vor Mitternacht, brechen wir vom Haus des Bruders auf, N.s Schwägerin verteilt Kerzen an uns alle, nur der Mann von N.s Schwester, der als Angehöriger der Zeugen

Jehovas das orthodoxe Osterfest ketzerisch findet, geht nicht mit: Wir sehen, daß der Vorwurf der Ketzerei nur zwischen verwandten Glaubensbekenntnissen auftauchen kann, nicht zwischen Gläubigen und Ungläubigen.

Es regnet. Hunderte von Menschen stehn vor der Kirche, im Dunkeln, schweigend. Die Erwartung der Masse teilt sich mir mit. Zwölf Glockenschläge. Das Kirchenportal öffnet sich, der Priester psalmodiert laut: Christ ist erstanden! – Er ist wirklich erstanden! rufen einzelne, dann ruft es die ergriffene Menge. In einer Minute sind alle Kerzen entzündet. Singend bewegt sich die Menge aus der Kirche, der geschmückte Altar, den wir nicht sehen können, wird vor ihr hergetragen, durch die Stadt, zum Marktplatz hin, wo er neben dem Altar der anderen Kirche bestehen muß. Der Umgang über die Felder, um sie fruchtbar zu machen, der jedes Frühjahr zu Ehren der Erdgöttin Demeter stattfand, hat in der Stadtkultur seinen Sinn verloren. Als Bild bleibt mir die dunkle Menschenmasse, durchsetzt von den flackernden Lichtpunkten der Kerzen. Jedes Jahr, heißt es, sei in der Kultur der Steinzeit und der frühen Bronzezeit ein Geliebter der Clanältesten, später Stammesvorsitzenden, der Göttin der Fruchtbarkeit geopfert worden – ein Jüngling; später, als Ersatz für ihn, ein männliches Kind; dann nur noch alle acht, alle neun Jahre ein Menschenopfer, dann Tieropfer an seiner Stelle, schließlich unblutige Opfer, auch Tonstatuetten anstelle der Menschen aus Fleisch und Blut: Am Anfang war die Kunst Opferersatz, wenn sie bildende Kunst war; Beschwörungsmagie, wenn sie Wort-Kunst war. Der nicht wirklich, nur ersatz- und spielweise getötete Gemahl der Großen Mutter durfte in der Nacht, in der sie die Felder fruchtbar machte, wiederauferstehn. Auch der Heros war nicht wirklich tot. Ein sterblicher Heros kann kein Religionsstifter sein. Christ ist erstanden! Die Bedürfnisse des Volkes verändern sich in Jahrhunderten kaum.

Gegen ein Uhr saßen wir, die ganze Familie, beim Nachtmahl, einem Gericht aus den gereinigten Därmen und Innereien der Lämmer – jenen Bestandteilen der Tiere, die vielleicht früher auf dem Altar verbrannt wurden, während die Priester die besten Stücke, die Darbringer der Gaben das zweitrangige Fleisch essen durften.

Wir aßen am nächsten Mittag an großer Tafel die besten Stücke der Lämmer. Es regnete über ganz Griechenland – eine Herausforderung an den Erfindungsreichtum eines Volkes, das am Ostersonntag im Freien sein Lamm am Spieß braten muß. Unseren Gastgebern schlug es zum Glück aus, daß sie eines jener Häuser bewohnten, dessen obere Etagen noch Betonskelette sind: Dort konnte man, auf dem nackten Boden, das Feuer anzünden und in Gang halten, dort die Spieße mit ihrer Halterung aufstellen, dort konnten die Spießdreher Platz nehmen und Stunde um Stunde drehen, drehen, drehen. Auch jener Schwager, der Zeuge Jehovas war, beteiligte sich gegen seine Überzeugung aus Familiensolidarität an der Arbeit im Dienste der Abgötterei. Die Männer begossen das Lamm mit Olivenöl und Bier und tranken selber Wein. Die Frauen legten Bretter auf Holzblöcke, breiteten Tischtücher über die Bretter, mischten den Salat und deckten die Tische. Ein Nachbar kam und wurde mit dem ersten durchgebratenen Fleisch bewirtet. Er sei Jude und müsse zu seinen Leuten. Ohne sich überwinden zu müssen, kostete er vom christlichen Osterlamm, ohne einen Anflug des alten Christenhasses gegen die Juden wurde es ihm gereicht. Aus hundert offenen Etagen, aus Garagen, aus schnell von Zeltplanen oder Brettern errichteten Unterständen kräuselte sich der Rauch, vermischte sich gegen Mittag mit Bratenduft. Um drei Uhr konnte gegessen werden, genug Fleisch für drei Großfamilien wie die unsere. Gesegnete Ostern. Auch die Frauen, die in bäuerlichen Familien oft stehen, bedienend hin- und hergehn, sitzen am Tisch. Den Kindern, besonders den kleinen Jungen, ist alles erlaubt, sie gewöhnen sich daran, ihre Mütter, ihre Schwestern zu drangsalieren. Bring mir Wasser! sagt der kleinste Knirps, und noch die älteste Großmutter wird ächzend aufstehn und den kleinen Mann bedienen. Wo bleibt all die Wut, die sich da aufstauen muß? Oder, schlimmer fast, staut sich nichts mehr auf?

Nachmittags beim Gang durch die Stadt, die an diesem Tag und um diese Zeit leerer ist als sonst, Begegnung mit dem Friseur, einem traurigen, aber begeisterten Mann, den N. kennt. Er lädt uns in seinen Laden ein, ein Räumchen von zwei mal drei Metern, mit zwei Friseursesseln von der Art, die ich aus alten

Filmen und flüchtigen Einblicken in Herrensalons meiner Kindheit kenne. Auf dem Kanonenöfchen wird Kaffee gekocht, heiß und süß, in winzigen Tassen wird er uns gereicht. An der Wand Zeitungsbildchen, meist aus dem Blatt der Kommunistischen Partei ausgeschnitten, unter ihnen ein altes kleines Foto von Stalin, auf das uns der Friseur lächelnd aufmerksam macht. Der Friseur kennt die Familie von N. Wir sehen die Gesichter der beiden Männer, während sie über die Zeiten des Bürgerkriegs reden; über die Zeit, da N.s Großeltern mit dem Jungen als Partisanen in die Berge gingen. Auf ihren Gesichtern ist, ohne daß sie es wissen, jener Ausdruck einer unstillbaren Trauer, die ich in den letzten Jahren immer häufiger auf den Gesichtern von Menschen ihrer Art sehe, und die aus Enttäuschung, Verletztheit, Hoffnungslosigkeit herrührt. Der Friseur hält sich, mit einem Anflug von Selbstironie, an Stalin, an die Vergangenheit. Er drückt uns zum Abschied lange die Hand. Mir ist bewußt, daß mein Rückgriff in eine weit, ur-weit zurückliegende Vergangenheit (der beinahe schon wieder zum Vor-Griff wird), auch ein Mittel gegen diese unauflösbare Trauer ist, die Flucht zurück als eine Flucht nach vorn. Eigenartige Selbstbeobachtung, daß die Einsicht, Menschen und Verhältnisse seien in dreitausend Jahren nicht sehr weit aus sich und über sich hinausgelangt, eher in Gelassenheit mündet als in Hoffnungslosigkeit.

Wir sehn in der kleinen Stadt, trüb und grau an diesem Osternachmittag mit ihren bescheidenen Handwerker-Werkstätten und Läden, den herumstreifenden Zigeunerfrauen mit ihren Kindern, dem einstmals bizarren, jetzt zerbröckelnden Zentrum, der Markthalle, mit den jungen Leuten, die paarweis und in Gruppen gegen Abend einem großen Lokal in einem Park zustreben – wir sehen die grellen Farbtupfer, die in den letzten Jahren diesem Kleinstadtalltag aufgesetzt wurden, Bars mit schreiender Lichtreklame, ein Spielsalon, Kioske mit ausländischen Magazinen. Es nieselt immer noch. Zum dritten Mal passieren wir, ungewollt im Kreise gehend, die gleichen Punkte. Ich suche ein deutsches Entsprechungswort für das französische »Cafard«. Trübsinn, Übellaunigkeit, Langeweile, im Hotel legen wir uns auf die Betten, die hintereinander stehn. Am nächsten Morgen betrügt man uns schamlos bei der Abrechnung. N. rennt, in seiner Ehre als ehemaliges Kind dieser Stadt gekränkt, kurz vor Abfahrt des Busses zurück und bringt die Angelegenheit mit Hilfe massiver Drohungen in Ordnung. Ein wenig irritiert ihn aber auch unsre Unfähigkeit, sich gegen Betrügerei zur Wehr zu setzen. Als hätten sich bestimmte Abwehrkräfte, die nie gebraucht wurden, aber doch zum Menschen gehören, nicht entwickelt. Er bleibt lange schweigsam und bedrückt, während wir, diesmal in einem regulären Bus, dezent musikalisch bespielt, gen Süden fahren.

Ich versuche mir Rechenschaft darüber zu geben, warum man mit so unbezähmbarer Erbitterung die Zerstörung einer Stadt wie Aulis durch Industrieanlagen, die Vernichtung von Eleusis durch Ölraffinerien zur Kenntnis nimmt: Eine andere Art von Empörung, beinah Beklommenheit, als sonst bei Landschaftszerstörung durch Industrie. Warum soll der Ort, an dem Iphigenie durch ihren Vater Agamemnon geopfert wurde, unangetastet bleiben? Warum soll die Heilige Straße von Athen zu den Mysterien von Eleusis nicht durch Transportfahrzeuge entweiht werden? Wieso soll auf den Eselskarren, die Waren und Lebensmittel zur Stadt Eleusis und zum Demeterheiligtum brachten, kein Fluch liegen, aber auf den Öltransporten doch? Ist nicht die Abwehr, die wir spüren, schon ein Rückzugs- und Resignationszeichen: Wenigstens hier, sagen wir uns wohl, wenigstens an diesen Plätzen, die so fern von jeder heute gültigen Religion sind, daß sie für alle Religionen, auch für Atheisten heilig sein könnten, sollte ein Tabu in Kraft bleiben, das sonst überall mißachtet wird; und noch während wir uns unser Gefühl des Schreckens so zu erklären suchen, wissen wir, daß eine Ehrfurcht, in Reservate gesperrt, keine Ehrfurcht sein kann, sondern wiederum nichts andres als Berechnung, und daß diese unsere Zivilisation gewiß »ehrlicher« ist – wie die Worte ihren Sinn verlieren! –, wenn sie am Ende ihrer Tage die Heiligtümer, aus denen sie hervorgegangen, mit unter den Bagger nimmt.

Dafür – gewohnt, in Antinomien zu denken, stelle ich unpassende Gleichungen auf –, dafür wühlt eine Gruppe von griechischen Arbeitern unter der Aufsicht einiger amerikanischer Archäologen mit größter Behutsamkeit in einem abgesteckten Quadrat der Ruinen von Altkorinth. Was auf einer Seite mit dem Bagger vernichtet wurde, wird hier mit Spaten und Sieb gerettet. Tonscherben werden sorgfältig in Schachteln gelegt und von Mädchen penibel registriert. Sooft ich es versuche, nie gelingt es mir zu begreifen, wie Städte, Festungen, Landschaften, Heiligtümer über Jahrhunderte hin vergessen sein können, bewahrt bestenfalls in einigen Schriften, an deren Wahrheitsgehalt niemand mehr glaubt, bis einige Fanatiker, ihren Homer in der Hand, anfangen, an den vor 2500 Jahren bezeichneten Orten in der Erde zu kratzen ... Aber den Ursprung der Leidenschaft, die diesen Heinrich Schliemann, diesen Arthur Evans antrieben, den verstehe ich neuerdings, und das Verständnis wird wachsen und selbst in die Nähe einer Leidenschaft kommen, die mich zu exzessiver Lektüre treiben und einer vernünftigen, rationalen Arbeitseinteilung im Wege stehn wird. Die Stufen im alten Forum zu sehen, auf denen der Apostel Paulus den Korinthern gepredigt haben mag, und im Hintergrund die Säulen des um vieles älteren Apollon-Tempels: Das Bild vermittelt mehr Einsicht in die Bindung verschiedener Glaubensschichten an verschiedene Gesteinsschichten, als Bücher es könnten. Welche Art von Glauben werden die Späteren, falls es sie gibt, falls alles Papier verbrannt ist, aus unsern Gesteins-, Stahl- und Betontrümmern herauslesen? Wie werden sie sich die Hybris der ungeheuren Metropolen, in der Menschen nicht schadlos leben können, erklären? Werden aus dem Gestrüpp von Motiven, die wir Zeitgenossen in unserer Zivilisation erkennen, nur wenige übrigbleiben: Macht. Reichtum. Größenwahn?

Es gibt eine Stadt, die Argos heißt, eine staubige, unscheinbare Stadt, in der unser Bus eine Weile hält. Außer uns wissen nur die beiden Männer hinter uns, die seit Athen mit uns fahren, diesen Aufenthalt zu schätzen. Der ältere, der Mitte vierzig sein mag, ein schmaler, feingliedriger und feinsinniger Mensch, sagt dem um fast zwanzig Jahre jüngeren Freund, woran einer denken soll, der das Wort »Argos« hört: an das Haus der Atriden. Wohnen aber, hatte man uns geraten, solle man in dem malerischen Nauplia, der venezianischen Hafenstadt; dem Rat folgten wir, und es hatte ja auch niemand vorhersehen können, daß gerade hier, gerade in der Stunde zwischen sieben und acht, als ich, gierig wie beim erstenmal, das Leuchten der Häuser um die

Hafenmole von Nauplia in mich aufnehme, hier an einem der südlichsten Zipfel Europas, jenes Gefühl von Verlorenheit mich überfallen würde, das den Verlust aller Koordinaten signalisiert, in die wir uns einbetten, an die wir uns klammern. Verloren blickte ich vom äußersten Punkt der weit ins Meer reichenden Hafenmole auf den frühen, triumphalen Sonnenuntergang hinter der Festung Burdzi und jener Bergkette, die den Hafen nach Westen abschirmt. Verloren streifte ich durch die bizarren Straßen der venezianischen Altstadt; eine Krankheit, die ich nicht Heimweh nennen wollte, schnitt die Verbindung zwischen mir und diesen Sträßchen, diesem prallrunden Mond, diesem blankgefegten Himmel ab. An der Hotelrezeption, wo wir auf das Freundespaar aus dem Bus trafen, glaubte ich in den Augen des Älteren eine viel ältere, viel tiefere Verlorenheit wahrzunehmen.

Am anderen Morgen kehrt man nach Argos zurück – wir taten es ebenso wie die beiden Freunde, mit denen wir nun schon, wenn wir uns wiederbegegneten, ein Augurenlächeln tauschten. An einer gottverlassenen zugigen Straßenkreuzung, auf der aber ein Schild mit der Aufschrift MYKENAE gen Osten weist, wartet man auf den Bus von Korinth. An dieser Stelle muß weiland der Zug der argivischen Greise vorbeigekommen sein, der nach der Vorstellung des Aischylos, durch Feuersignale alarmiert, die das Ende des Krieges in Troia verkünden, von Argos aufbrach, um zur Herrscherburg Mykenae zu ziehn, Zeus preisend:

Ihn, der uns des Denkens Weg
Führt zum Lernen durch das Leid,
Unter dies Gesetz uns stellt!
Drum pocht selbst im Schlaf Gewissensangst
Jähen Schlags wach das Herz, und es keimt
Wider Willen weiser Sinn.

»Lernen durch das Leid« – dies scheint das Gesetz der neuen Götter zu sein, der Weg des männlichen Denkens auch, das die Mutter Natur nicht lieben, sondern durchschauen will, um sie zu beherrschen und das erstaunliche Gebäude einer naturfernen Geisteswelt zu errichten, aus der Frauen von nun an ausgeschlossen sind; Frauen, die man sogar fürchten muß, vielleicht, weil sie – dem Denkenden, Leidenden, Schlafenden unbewußt –, weil *auch* sie Urheberinnen jener Gewissensangst sind, die sein Herz wachklopft. Weisheit wider Willen. Kulturgewinn durch Naturverlust. Fortschritt durch Leid: die Formeln, vierhundert Jahre vor unsrer Zeitrechnung benannt, die der Kultur des Abendlands zugrunde liegen.

Vier junge Japanerinnen – ist der Übergang zu grell? – aber sie standen doch wirklich mit ihren verschiedenen, phantasievollen Hüten neben uns und dem Freundespaar an der Kreuzung und fuhren mit uns nach Mykenae –, stiegen vor uns leichtfüßig, auch leicht-sinnig, das heißt: unbeschwert den nicht unbeschwerlichen Weg zur Burg hinauf. Dem Urbild der Burg – das sieht man auch den Trümmer noch an –, dem sich also Kassandra, aus dem nach meiner Vorstellung weniger finsteren Troia kommend, am Ende ihrer Verschleppung gegenübersah.

Apollon! O Apollon!
Du Wegführer! O Abholder mir!
Wohin geführt mich hast du
Ach, in welches Haus!

. . .

Ein Mannesschlachthaus und der Boden blutbespritzt. Womit sie auf jenes entsetzliche Mahl anspielt, das hinter diesen gewaltigen Mauern der Pelopide Atreus seinem Bruder, dem Rivalen, vorsetzt: das gekochte Fleisch seiner Söhne. Die Frau schaudert es, ein Schauder, der die menschliche Natur, nicht nur ihr eignes Schicksal betrifft. Jetzt steht sie zwischen den kyklopischen Mauern. Vom Tor her starren die Löwen sie an, die jetzt kopflos sind. Sie muß hinein. Mauern, Mauern, auch im innern Kreis der Burg. Die versteinte Lebensangst und Fremdenfurcht der Bewohner – kein Wunder die böse Vorahnung, die die Fremde befällt. Dagegen wir: auf sonnenbeschienenen steinernen Wegen im Strom der Touristen höher hinauf, um uns amerikanische College-Studenten, vor uns, zwitschernd, die vier japanischen Butterflies. Rechterhand: das Gräberrund. Blick in die Schachtgräber des sechzehnten vorchristlichen Jahrhunderts: So wurden die Heroen der Achaier bestattet, und nicht, wie Homer es schildert, auf Scheiterhaufen verbrannt. Der Altar; der Prozessionsweg; die Mauerreste des Palastes. Hier, irgendwo hier trat Klytaimnestra aus der Pforte des Palastes und sprach:

Komm, Kassandra. Komm ins Haus und steig herab. Ja, du.
Bietet der Gefangnen an, beim Opfer teilzunehmen, scheint ihr
ihr Los als Sklavin nicht erschweren zu wollen. Kassandra
schweigt, der Chor vermutet:

Mir scheint, der Fremden tut ein Dolmetsch not,
denn wie ein frischgefangenes Wild führt sie sich auf.

Darauf Klytaimnestra:

O nein, nicht wie ein Wild. Von Sinnen ist sie nur
Und hört auf nichts als ihren eigenen Unverstand.
Die Heimat steht ihr noch zu deutlich vor den Augen,
Troia, das wir jüngst eroberten. Sie hat noch nicht gelernt,
Dem Zügel zu gehorchen. Doch gemach!
Bald wird sie Schaum und Blut ausspucken und gehorsam
sein!

Jetzt haben auf dem höchsten Punkt der ehemaligen Akropolis
von Mykenae die Japanerinnen ein kirschblütenweißes Tuch
entfaltet und alle möglichen appetitlichen Sächelchen aus ihren
bootförmigen Basttaschen darauf verteilt. Jetzt haben sie sich,
vier große runde Hüte, um das Tuch herum niedergelassen und
fröhlich und zierlich zu essen begonnen – ein bekömmlicheres
Mahl als jenes sehr frühe, das hier stattfand, an das sie natürlich
nicht denken, von dem sie kaum etwas wissen mögen. Die
amerikanischen Studenten gruppieren sich zu einer Fotoserie für
die verschiedenen Kameras. Wir ruhen uns auf Steinblöcken
aus.

Mit den Augen verfolge ich den Weg, den in kurzen Abständen
die Touristenbusse bis zum Parkplatz nehmen, wo sie dann,
zwanzig, dreißig nebeneinander, am Fuß des Burgberges warten, bis ihre Menschenfracht ameisengleich diesen Berg erklet-
tert, sich irgendeine Art von Befriedigung verschafft, ermüdet
zurückkehrt und, schnell noch durch Eis und Coca-Cola er-
frischt, erleichtert wieder in ihre fahrbare Zuflucht verschwindet. Auf diesem gleichen Weg, der damals schmal und beschwer-
lich gewesen sein mag, aber es ist die natürliche Annäherung zur
Burg von der Ebene her, kamen der siegreiche Heimkehrer
Agamemnon und in seinem Gefolge die Gefangene Kassandra.
An jenem Kuppelgrab, das die Ausgräber »Schatzhaus des
Atreus« genannt haben und das ich von hier oben aus deutlich

sehen kann, mögen der König und die Sklavin mit unterschiedlichen Gefühlen vorbeigezogen sein. Wir, das muß ich zugeben, treten später ohne heilige Scheu in das Grabgehäuse. Dunkelheit. Fidibusse, die kurze Zeit brennen. Die Kuppel über uns: Ein Stein hält den anderen, indem er auf ihn drückt.

Dann warten wir lange, natürlich wieder mit den Japanerinnen, an der Bushaltestelle. Zehn-, fünfzehnmal sehe ich den Bauern unterhalb des Plateaus, auf dem ich stehe, mit Pferd und Pflug auf seinem langgestreckten Feld hin- und herziehn, die Reisebusse, die ankommen und wegfahren, zähle ich nicht mehr, und den Burgberg mit seinen Ameisenpfaden voller Touristen habe ich mir von hier unten aus ein für allemal als Bild eingeprägt, ehe wir uns eingestehen, daß der Linienbus, auf den wir warten, ausgefallen ist. Drei der Japanerinnen haben sich in eine Reihe nebeneinandergesetzt und lesen schmale Bücher, ohne Ungeduld zu zeigen, die vierte, älteste, erzählt mir, daß sie mit einem Stipendium in England Altphilologie studiert. Einer ihrer innigsten Wünsche sei heute in Erfüllung gegangen: die Burg des Agamemnon und der Klytaimnestra mit eignen Augen zu sehen. – Was Sie alle für schöne Hüte haben, sage ich, sie lächelt und sagt: thank you. Nun müssen wir aber sehn, nach Argos zurückzukommen. Mit zwei Frauen aus Köln, Mutter und Tochter, die entsetzlich unter der Unzuverlässigkeit der Busverbindungen leiden, nehmen wir ein Taxi. Irritiert durch das unerbittliche Schweigen der beiden gegeneinander, die ganze Fahrt über, kommen wir nachmittags in Argos an. Das Freundespaar sitzt schon in dem Bus nach Nauplia und lächelt uns an, als hätten wir ihm durch unser Erscheinen einen Wunsch erfüllt.

In Nauplia gibt es, genau im Scheitelpunkt des großen Bogens, den die Bucht beschreibt, eine Taverne, die als Zeichen über der Tür einen frischen vielarmigen Tintenfisch befestigt hat. Unter ihm hindurch gehn wir in die Gaststube, werden vom Wirt in die Küche geführt, wo auf offenen Pfannen alle Gerichte wenn nicht warm, so doch lauwarm gehalten werden und wo wir uns, erfahren in griechischer Küche, durch einfachen Fingerzeig unser Essen zusammenstellen. Das Leuchten hat schon stattgefunden, die Sonne ist schon untergegangen. Beides haben wir nicht versäumt. Und nun wollen wir noch, morgen, nach Epidauros fahren.

Daß die beiden Freunde wieder im selben Bus mit uns sind, würde ich in einer erfundenen Geschichte nicht nochmals zu behaupten wagen. Und doch sitzen sie in der gleichen Reihe, jenseits des Mittelgangs, müde diesmal, oder verstimmt? Aber ich konnte mich irren. Sagte ich schon, daß sie französisch sprechen? Der ältere der beiden, dessen jugendlicher Jeans-Anzug mir zum erstenmal nicht ganz passend erscheint, liest dem jüngeren jene Stelle aus dem »Guide Bleu« über Epidauros vor, die auch ich, auf Deutsch, aufgeschlagen vor mir habe: Epidauros als Heiligtum des Asklepios, des Sohnes von Apollon; das Zentrum der zu erwartenden Anlage also eine Schlaf- und Traumhalle, die wir, in kleinerer Ausgabe, schon gesehen haben: beim Amphiareion bei Oropos. Nun flüstert der ältere Freund dem jüngeren etwas zu, was mit Traum- und Schlafkuren zu tun haben mag, doch der Jüngere sieht unverwandt aus dem Fenster auf die allerdings sehenswerten Ausblicke, die die ansteigende Straße immer neu eröffnet, und lächelt nicht. Natürlich ist es das gute Recht des Jüngeren, rede ich mir ein, ernst zu sein, verschlossen und vielleicht sogar ein wenig trotzig.

Das Trümmerfeld von Epidauros scheint mir noch unübersichtlicher zu sein als andre Trümmerfelder. Die griechische Lebensweise hatte hier eine ihrer deutlichsten Ausprägungen, davon zeugen die Grundmauern für die Traum- und Schlafhalle, die verschiedenen Tempel für verschiedene Gottheiten, Gymnastik- und Musikhalle, selbst das Hippodrom. Und neben all den viereckigen Grundrissen ein Rundbau, eine oder ein Tholos, »über dessen Bedeutung noch heute Unklarheit herrscht«, lese ich. »Wahrscheinlich diente er geheimnisvollen Riten; denn er soll über dem Grab des Asklepios – seine Mutter war eine Sterbliche – errichtet worden sein. Hier züchteten die Priester die dem Asklepios heiligen hellbraunen Schlangen.« Asklepios, der männliche Gott, abstammend vom Apollon, einem der »neuen« Götter: Daß er die Heilkunst von den Frauen »übernahm«, um es neutral auszudrücken, darauf deutet er durch sein Wahrzeichen, die Schlange; in Rundgräbern wurden, wir sahen es in Mykenae, die Heroen begraben. Kassandra, heißt es, wurde von ihrem Vater Priamos in einer »Pyramide« auf der Zitadelle eingesperrt, nachdem sie den für Troia unglücklichen Ausgang des Krieges prophezeit hatte: Ranke-Graves vermutet, ihr Gefängnis könne ein Bienenkorbgrab gewesen sein, »aus dem sie im Namen des dort begrabenen Heroen ihre Prophezeiungen gab«. Die »Biene mit ihrem Amazonenstaat«, mutmaßt Cilli Rentmeister, habe »sicher den frühen Frauengesellschaften als hochheiliges Symboltier« gegolten, und sie führt Beispiele für sehr frühe Rundbauten auf der Insel Malta an, Tempel oder Häuser, die durch ihre Formen den Körper der großen Göttin abbildeten: »stattlich, gerundet, üppig«.

Und auch das Theater von Epidauros ist ja schließlich ein Rundbau (so selbstverständlich ist das also nicht), übrigens um 400 vor Chr. vom gleichen berühmten Baumeister gebaut wie jener Tholos: von Polyklet. Der starke Duft der Pinien, die rund um das Heiligtum wachsen, weht auch hier herüber, der Himmel ist von einem leichten Blau, mit Wolkenschleiern durchzogen. Wir sitzen auf der obersten Reihe. So wie jetzt, tief unter uns, der anschwellende Strom der Touristen sich in das Theater ergießt, so zogen einst die hellenischen Männer hier ein. Wo jetzt der junge Mann steht, im Brennpunkt der Linse, die das Theaterrund bildet, da stand bei Aischylos Orest, Sohn des Agamemnon und der Klytaimnestra, heimgekehrt, um den Mord an seinem Vater durch Muttermord zu rächen. Wen, Gott oder Göttin, wird er anrufen? Er sagt:

O Hermes in der Tiefe, Totengott!
Hüter des väterlichen Schattenthrons!
Ich fleh dich an: Steh du mir bei und rette mich!
. . .
Orest, der auf Apolls Befehl nach Argos kam,
Um Agamemnon zu entsühnen. (. . .)
O Zeus, laß mich den Tod des Vaters rächen,
Hilf mir bei der Tat!

Drei männliche Götter in einem Monolog. – Der junge Mann da unten reißt ein Streichholz an: Wir hören es bis zu uns herauf, das Publikum klatscht. Jemand ruft ihm etwas zu, der junge Mann flüstert, für jedermann hörbar: William Shakespeare. Beifall. Wieder Zurufe. Da richtet der junge Mann sich auf und spricht, laut diesmal: To be or not to be, that is the question. Dann tritt er ab. Griechische Schulkinder kommen zu Hunderten. Weit von uns entfernt, in der gleichen Reihe, sitzt das Freundespaar. Was sie sprechen, können wir nicht hören. Sie gehen nach verschiedenen Seiten auseinander. Im Rückbus sitzt keiner von ihnen.

In wenigen Monaten wird hier wieder einmal das große Schauspiel ablaufen, neu übertragen von Valtinos. Blut, wird die Chorführerin rufen.

> Dies ist Gesetz,
> Blut,
> Zur Erde strömend,
> Fordert neues Blut.

Das alte Blutrachegesetz, in dem Orest sich verfängt: Nie durfte der Sohn sich an der Mutter vergreifen. Die Frau war tabu. Aischylos scheint damit zu rechnen, daß Nachklänge der heiligen Scheu vor der Frau auch sein männliches Publikum, welches inzwischen die absolute Herrschaft ausübt, noch beunruhigen. Ein Chor von Frauen bekommt die Aufgabe, die Frau als das größte Übel unter dem Himmel zu brandmarken: Und dann,/ Das Schlimmste von allen,/ Die Liebesgier,/ Die Brunst der Frau. – Gräßliche Beispiele werden zum Beweis zitiert, es gibt schon eine lange Geschichte der Umdeutung der einst unberührbaren Frau in ein Ungeheuer. Die Frau muß weg! heißt es jetzt, ohne Umschweife. Und, als es getan: Doch denkt auch, daß Orest kein Mörder ist. Dies soll als Wahrspruch dem Publikum eingehämmert sein, doch daran – wenn auch nicht an seiner ästhetischen Aufgabe – ist der Grieche gescheitert. Entgegen den jahrtausendelangen Anstrengungen des Patriarchats gilt Muttermord im Bewußtsein der Menschen noch immer als über jedes andre Verbrechen grauenhaft. Daß der Sohn nur Sohn des Vaters ist, hat sich nicht durchsetzen wollen. Und so unbedingt es das moralische Anliegen des Aischylos sein muß, das Gewissen des Muttermörders zu beschwichtigen, so unaufhaltsam reißt ihn sein ästhetisches Anliegen mit sich fort, unübertrefflich schildert er die Angst des Mörders, der in einen ausweglosen Konflikt gestellt ist:

> Schnell! Hört mich an! Ein letztes Mal!

Es reißt mich fort!
Auf einem Wagen sitz ich,
Doch ich lenke nicht.
Die Pferde sind es,
Die den Zügel halten.
Ich habe keine Macht mehr über sie,
Ich . . . kann . . . nicht . . . denken.
Denken? Nein! Da ist ein anderer,
Der für mich denkt!
Und tief im Herzen sitzt die Angst
Und singt und fängt zu tanzen an.
Darum, solang ich noch bei Sinnen bin
– Bin ich es noch? –
Sag ich euch schnell:
Es war gerecht, daß ich die Mutter tötete,
Die gottverhaßte Frau –
Ein Scheusal, das die Erde haßt!

Ähnlich kraftvoll die Chöre der Erinnyen, Uralt-Göttinnen, die Seele der Ahnen verkörpernd, die den Untergang des alten Rechts beklagen, ihn für den Untergang der Moral überhaupt halten. Vergleichsweise matt dagegen dann, ein Agit-Prop-Nachspiel, ein Tendenzstückende, die Entsühnung des Orest und die Bezähmung der matriarchalischen Erinnyen durch die klugredende Pallas Athene; die politische Absicht des Athener Bürgers Aischylos mindert ihm das Ende seines Stücks. Doch werden, so glaube ich, auch in diesem August des Jahres 1980 die 15 000 Besucher, Griechen, aber vor allem Touristen aus aller Welt, die in dem alten Theater das alte Stück erleben werden, nicht mit dem Gefühl, einem happy end beigewohnt zu haben, nach Hause gehn. Der spitzfindige Wortstreit, ob in jenem unglücklichen Mann, Orest, der Muttermörder oder der Vater-rächer zu erblicken sei, ist ja nur Ausdruck dafür, daß da, wo Zusammengehn und Versöhnlichkeit sich entwickeln sollte, ein Gegensatz aufgerissen ist, der sich als Zwiespalt im Manne wiederfindet und, da er unaufhörlich geleugnet, übertüncht, umgedeutet und verdrängt werden muß, Angst, Haß, Feindse-ligkeit hervorbringt und also, bis zu uns und jenen hin, die, wie wir es jetzt tun, in vier Monaten das Theater von Epidauros verlassen werden, seine schweren Folgen durch die Jahrtausende haben wird.

Das Troia, das mir vor Augen steht, ist – viel eher als eine rückgewandte Beschreibung – ein Modell für eine Art von Utopie.

Dritte Vorlesung
Ein Arbeitstagebuch über den Stoff, aus dem das Leben und die Träume sind

In diesem Herbst wurden die Atompilze
In den Journalen solch gewöhnlicher Anblick
Daß sich beim Betrachten der Fotografien
Ästhetische Kategorien herzustellen begannen
Die Lage des blauen Planeten war absehbar
Das Wort Neutronenwaffen erschien häufig
Wie seine Brüder Benzinpreise Wetterbericht
Es wurde alltäglich wie Friedensappelle.

Mein Kind hat eine Fünf geschrieben
Was soll ich sagen es kostet schon Kraft
Seinen Anblick die Unschuld ertragen
Und wir leben unser unwahrscheinliches
Abenteuerliches Leben korrigieren die Fünf
Das Kind geht zur Schule wir pflanzen Bäume
Hören den Probealarm die ABC-Waffen-Warnung
Kennen die Reden der Militärs aller Länder
Sarah Kirsch, »Ende des Jahres«

Meteln, 16. Mai 1980   Die Literatur des Abendlandes, lese ich, sei eine Reflexion des weißen Mannes auf sich selbst. Soll nun die Reflexion der weißen Frau auf sich selbst dazukommen? Und weiter nichts?
Die Oberkommandos der NATO und des Warschauer Pakts beraten über neue Rüstungsanstrengungen, um der angenommenen waffentechnischen Überlegenheit des jeweiligen »Gegners« etwas Gleichwertiges entgegensetzen zu können. Die Einsicht, daß unser aller physische Existenz von den Verschiebungen im Wahndenken sehr kleiner Gruppen von Menschen abhängt, also vom Zufall, hebt natürlich die klassische Ästhetik endgültig aus ihren Angeln, ihren Halterungen, welche, letzten Endes, an den Gesetzen der Vernunft befestigt sind. An dem Glauben, daß es solche Gesetze gebe, weil es sie geben müsse. Eine tapfere, wenn

auch bodenlose Anstrengung, zugleich der frei schwebenden Vernunft und sich selbst ein Obdach zu schaffen: in der Literatur. Weil das Setzen von Worten an Voraussetzungen gebunden ist, die außerhalb der Literatur zu liegen scheinen. Auch an ein Maß, denn die Ästhetik hat doch ihren Ursprung auch in der Frage, was dem Menschen zumutbar ist.

Die Homeriden mögen die ihnen zuhörende Menschenmenge durch ihre Berichte von lange vergangenen Heldentaten vereinigt und strukturiert haben, sogar über die sozial gegebenen Strukturen hinaus. Der Dramatiker des klassischen Griechenland hat mit Hilfe der Ästhetik die politisch-ethische Haltung der freien, erwachsenen, männlichen Bürger der Polis mit geschaffen. Auch die Gesänge, Mysterienspiele, Heiligenlegenden des christlichen mittelalterlichen Dichters dienten einer Bindung, deren beide Glieder ansprechbar waren: Gott und Mensch. Das höfische Epos hat seinen festen Personenkreis, auf den es sich, ihn rühmend, bezieht. Der frühbürgerliche Dichter spricht in flammendem Protest seinen Fürsten an, und zugleich, sie aufrührend, dessen Untertanen. Das Proletariat, die sozialistischen Bewegungen mit ihren revolutionären, klassenkämpferischen Zielen inspirieren die mit ihnen gehende Literatur zu konkreter Parteinahme. – Aber es wächst das Bewußtsein der Unangemessenheit von Worten vor den Erscheinungen, mit denen wir es jetzt zu tun haben. Was die anonymen nuklearen Planungsstäbe mit uns vorhaben, ist unsäglich; die Sprache, die sie erreichen würde, scheint es nicht zu geben. Doch schreiben wir weiter in den Formen, an die wir gewöhnt sind. Das heißt: wir können, was wir sehen, noch nicht glauben. Was wir schon glauben, nicht aussprechen.

Meteln, 2. Juni 1980   Aber es ist nicht das Ende, das mich an Kassandra am meisten interessiert. Mich interessiert: wie ist sie an die Sehergabe gekommen. »Dr. Vollmers Wörterbuch der Mythologie« von 1874:

»CASSANDRA, die unglücklichste unter den Töchtern des Priamos und der Hekabe. Apollo liebte sie und versprach, wenn sie ihm ihre Gegenliebe schenke, sie die Zukunft durchschauen zu lehren. Cassandra willigte ein, hielt aber ihr Wort nicht, als sie von dem Gotte begabt worden war: dafür raubte er ihren

Aussagen den Glauben der Menschen und machte sie zum Gespötte der Leute. Jetzt hielt man Cassandra für wahnsinnig, und da sie nichts als Unglück prophezeite, ward man der Störerin aller Freuden bald überdrüssig und sperrte sie in einen Thurm. Später ward sie Priesterin der Minerva (ein Irrtum: Sie wurde Priesterin des Apollon, C. W.), aus deren Tempel auch Ajax ... sie bei den Haaren schleifte, da sie die Bildsäule der Göttin umklammert hatte, und so diese mit der Unglücklichen niederriß.«

Das Wort, das am häufigsten vorkommt: Unglück. Peinlich und unaussprechlich offenbar für Dr. Vollmer und seine Mitarbeiter im Jahre 1874 die umstrittene Überlieferung, der Achaier Klein-Ajas, einer der Haupthelden bei der Eroberung Troias, habe Kassandra vor der Statue der Athene vergewaltigt, wozu die Göttin nur, ohnmächtig, die Augen gen Himmel verdrehen konnte. Dazu: Ihr Vater, der Troerkönig Priamos, habe sie gegen Ende des Krieges aus politischen Gründen – nämlich um einen Verbündeten mit einem dringend benötigten Kontingent von Kämpfern zu gewinnen – an einen von ihr abgelehnten Mann verheiratet; aus dieser Ehe seien wahrscheinlich die Zwillinge entsprossen, die mit ihr von Agamemnon nach Mykenae verschleppt, nach ihr abgeschlachtet werden. – Annahme: In Kassandra ist eine der ersten Frauengestalten überliefert, deren Schicksal vorformt, was dann, dreitausend Jahre lang, den Frauen geschehen soll: daß sie zum Objekt gemacht werden.

Fragen zu der Lexikon-Notiz: Wieso kann Apollon, ein männlicher, »junger« Gott, einer Frau die Sehergabe verleihen? Warum beeilte er, warum beeilten die Überlieferer sich, ihr die Wirksamkeit dieser Gabe sofort wieder zu nehmen? Warum drängte sie nach der Sehergabe? Warum blieb das Odium der Unglücksprophezeiung (»Kassandra-Ruf!«) an dem Namen einer Frau hängen, da doch zur gleichen Zeit, aus gleichem Anlaß, der troische Apollon-Priester Laokoon warnte und Unglück prophezeite: Auch er beschwor seine Landsleute, das hölzerne Pferd, das die Achaier hinterlassen hatten, nicht in ihre Stadtmauer hereinzuholen. Wieso also nicht: »Laokoon-Ruf«? Wieso sind es Schlangen, die seine Söhne und ihn umstricken und vernichten?

Meteln, 8. Juli 1980   Das Wahndenken ist natürlich mathematisiert. (Wie ja, paradoxerweise, die Mathematik – wenn man anfängt, an sie als ein selbständiges Gebilde zu *glauben*, dessen Gesetze auch auf andre Gebilde zu übertragen sind und dort beweisen oder gar erzeugen, was einer der größten Lebensabwehrmythen dieser Zeit ist: »Wissenschaftlichkeit« –, wie also die Mathematik in ihrer unbestreitbaren Exaktheit besonders geeignet ist, in einen Wahn eingebaut zu werden und ihn unangreifbar zu machen.) Zweimal hat in der vergangenen Woche der Computer in den USA Alarm geschlagen: Sowjetische Raketen im Anflug auf die Vereinigten Staaten. Fünfundzwanzig Minuten Zeit habe der Präsident in einem solchen Fall für eine Entscheidung. Der Computer sei nun abgeschaltet. – Der wahnhafte Irrtum: Sicherheit von einer Maschine abhängig zu machen anstatt von der Analyse der historischen Situation, die nur Menschen mit historischem Verständnis (das heißt auch: mit Verständnis der historischen Situation der anderen Seite) leisten könnten.

Nie sei die Gefahr eines Atomkriegs in Europa so groß gewesen wie heute, erklärt das schwedische Institut für Friedensforschung in seinem Jahresbericht. 60 000 Atomsprengkörper seien auf der Welt gelagert. In den letzten Jahren, der Zeit der Entspannung, hätten die beiden Großmächte ihre Rüstungen ungeheuer aneinander hochgeschaukelt.

Während wir darüber reden, zu dem Schluß kommen, daß man dies nicht mehr reflektieren kann. Und es doch reflektieren müssen. Was meine ich eigentlich, wenn ich »Wahndenken« sage? Ich meine die Absurdität der Behauptung, eine exzessive atomare Aufrüstung beider Seiten mindere als »Gleichgewicht des Schreckens« die Kriegsgefahr; biete auf die Dauer auch nur ein Minimum an Sicherheit. Ich meine die groteske Kalkulation mit Strategien, die schon auf die konventionellen Waffenarten bezogen verheerend waren, auf Atomwaffen bezogen sinnlos, irrational geworden sind, wie es der zynische Satz ausdrückt: Wer als erster zuschlägt, wird als zweiter sterben.

Die Lage Europas ist doch heute grundlegend anders als in den dreißiger Jahren, vor dem Überfall Hitlers auf ungenügend dagegen gerüstete Nachbarländer: Aber selbstverständlich hätten sie sich gegen diesen Gegner rüsten, sich gegen ihn verteidigen müssen: Da war Verteidigung sinnvoll. Selbstverständlich war Verteidigung gegen den Aggressor sinnvoll in Vietnam; selbstverständlich ist das Gewehr ein Mittel der Verteidigung und der Befreiung in einer Reihe südamerikanischer Länder, in denen Befreiungsbewegungen kämpfen. Ich aber bin Europäerin. Europa ist gegen einen Atomkrieg nicht zu verteidigen. Es wird nur als Ganzes überleben oder als Ganzes zugrunde gehn: Die Existenz von Kernwaffen hat alle denkbaren Verteidigungsstrategien für unseren kleinen Erdteil ad absurdum geführt.

Gibt es für uns eine Chance? Wie kann ich mich auf die Experten verlassen, die uns an diesen verzweifelten Punkt geführt haben? Mit nichts ausgerüstet als dem unbändigen Wunsch, meine Kinder und Enkel leben zu lassen, erscheint mir das vielleicht ganz und gar Aussichtslose vernünftig: Einseitig abzurüsten (ich zögere: Trotz der Reagan-Administration? Da ich keinen anderen Ausweg sehe: Trotz ihrer!) und damit die andere Seite unter den moralischen Druck der Weltöffentlichkeit stellen; die erpresserische Doktrin des »Totrüstens« der UdSSR gegenstandslos machen; den Verzicht auf den atomaren Erstschlag erklären und alle Anstrengungen auf eine hocheffektive Verteidigung richten. Falls dies ein Risiko in sich birgt: Um wieviel größer ist das Risiko der atomaren Weiterrüstung, die doch sogar das Risiko, daß die atomare Vernichtung durch einen Zufall ausgelöst wird, täglich erhöht?

Dies sei Wunschdenken? So wäre der Wunsch, über Leben und Tod vieler, vielleicht aller künftiger Generationen mitzudenken, mitzureden, ganz abwegig?

Wenn die atomare Gefahr uns an die Grenze der Vernichtung gebracht hat, so sollte sie uns doch auch an die Grenze des Schweigens, an die Grenze des Duldens, an die Grenze der Zurückhaltung unserer Angst und Besorgnis und unserer wahren Meinungen gebracht haben.

Meteln, 10. August 1980   Sind vernunftbegabte Wesen denkbar, die *nicht* die Spaltung des heutigen Menschen in Leib/Seele/Geist kennen, sie gar nicht verstehen können? Kassandra erfährt, wie diese Operation lebendigen Leibs an ihr vorgenommen wird. Das heißt, es gibt reale Kräfte in ihrer Umgebung, die, je nach

Bedarf, partielle Selbstverleugnung von ihr verlangen. Sie erlernt Abtötungstechniken. – »Der erste Klassengegensatz, der in der Geschichte auftritt, fällt zusammen mit der Entwicklung des Antagonismus von Mann und Weib in der Einzelehe, und die erste Klassenunterdrückung mit der des weiblichen Geschlechts durch das männliche« (Friedrich Engels, Ursprung der Familie). Es stellt sich heraus, daß ich – seit wann eigentlich? – Kassandra nicht mehr als tragische Figur sehen kann. Sie wird sich selbst nicht so gesehen haben. Besteht ihre Zeitgenossenschaft in der Art und Weise, wie sie mit Schmerz umgehn lernt? Wäre also der Schmerz – eine besondre Art von Schmerz – der Punkt, über den ich sie mir anverwandle, Schmerz der Subjektwerdung?

Troia wäre eine auf den Mauern vieler zerstörter Städte errichtete Stadt (das Troia VII a des Heinrich Schliemann, das er allerdings nicht für das Troia des troianischen Krieges hielt, den man, überraschend und verdächtig genau, finde ich, auf die Zeit von 1194–1184 v. Chr. ansetzt). Eine Stadt mit Palast, Zitadelle, Handwerker-, Händler-, Schreiberhäusern. Mit Tempeln, heiligen Bezirken. Mit einer Mauer um das Ganze. Mit ländlichen Siedlungen im Umfeld, bewohnt von einer alteingesessenen Bevölkerung. Einem Fluß: dem Skamandros. Ein Stadtstaat mit einem Herrscherhaus, das für göttlich gelten mochte, mit Edelleuten (einer aristokratischen Oberschicht, häufig wohl verwandt mit dem Königshaus), mit Beamten, Heerführern, mit Handwerkern, die vielleicht dem Königshaus gehören, mit Priestern und Priesterinnen, wahrscheinlich mit Großgrundbesitzern, kleinen Bauern, die anderer Herkunft sein mögen als die Oberschicht, mit Verwaltungsangestellten auf allen Ebenen der Hierarchie, mit der Masse der arbeitenden Bevölkerung, von der man wenig weiß, da sie in den Urkunden am seltensten vorkommt. Mit Sklaven. Dies ein ungefähres Schema, übernommen von in sich nicht einheitlichen Schilderungen verschiedener Erforscher der mykenischen Kultur (benannt nach dem Lebensstil auf der Burg des Agamemnon, des Eroberers von Troia an der Spitze der Achaier). Troia habe im weitesten Sinn zum Umkreis dieser Kultur gehört, modifiziert allerdings durch Züge der aus Kleinasien kommenden Kultur (Hethiter) und durch die sicherlich starken Einflüsse der kretisch-minoischen Kultur, die, versiegend, große Impulse nicht nur an das griechische Festland, auch an die Inselwelt und die kleinasiatische Küste weitergegeben hatte; sie »durchdrungen« hatte. Inwiefern? Welches wären die spezifischen »minoischen« Züge in Troia? Herrschte mit König Priamos, dessen Name wahrscheinlich im Orient beheimatet ist, ein ägäisch-kleinasiatisches Herrscherhaus über eine gemischte Bevölkerung, die auch indoeuropäische Anteile hat? Was ergäbe sich daraus für die mögliche Konfliktlage, in die Kassandra geraten könnte, vor allem in bezug auf die Religion und Kulte, die nebeneinander bestanden haben müssen? Könnte sie sich – dies wäre schon eine utopische Sicht, nicht eine historische – am Ende, denn ihre Geschichte müßte ja ein Befreiungsprozeß sein, innerlich frei gemacht haben von *allem* Glauben, auch (und zuerst!) von ihrem eignen?

Meteln, 23. August 1980 Las wieder, wie zum erstenmal, Marie-Luise Fleißers »Avantgarde«. Trauer über das Schicksal dieser Frau, das mir unmenschlich, unglaubhaft, unmöglich vorkam. Ausgebeutet von allen, mißhandelt wie ein Tier. Die Männergesellschaft im Rohzustand, vom kommunistischen Dichter bis zum zerreißend kleinbürgerlichen Tabakhändler und zum Nazi-Hauswart, trifft sie unvermittelt. Schreiben für Frauen als ein Mittel, das sie zwischen sich und die Männerwelt legen (»dann sollen sie mich wenigstens bewundern . . .«). Unvermeidlich der Moment, da die Frau, die schreibt (die, im Falle Kassandra, »sieht«), nichts und niemanden mehr vertritt, nur sich selbst, aber wer ist das. Gibt es das ominöse Recht (oder die Pflicht) zur Zeugenschaft? Zählebige Unterstellung, es müsse immer geschrieben werden. Wir können nicht wissen, ob wir in der dunkelsten Mitte oder am Ende der Geschichte sind. Europa, wenn man es untergehn sieht (als untergehend sieht), kann einem in manchen Augenblicken schön erscheinen wie Atlantis. »Europa« als ein Name, der sich vom griechischen und thrakischen Festland ausdehnte, je nach dem Bewußtsein der Griechen von der nördlichen Landmasse. Europa, die Tochter des phönikischen Königs, die der Gott Zeus in Stiergestalt von Phönikien nach Kreta entführte, wo sie ihm unter anderen Kindern den späteren König Minos gebar. Ein Gewaltakt an einer Frau begründet im griechischen Mythos die Geschichte Europas. Mein Schmerz um diesen Erdteil ist teilweise auch ein Phantomschmerz: nicht nur der Schmerz um ein verlorenes Glied, auch der um noch gar nicht ausgebildete, nicht entwickelte Glieder, um nicht wahrgenommene, nicht gelebte Gefühle, um uneingelöste Sehnsucht. Dies alles aufgehoben in der Literatur – seit wann? Gibt es, wenn man einen anderen Seh-Raster anlegt, auch bei Homer schon ein utopisches Element, oder muß er seine ganze Kraft darauf richten, gegenwärtig zu sein und im Gesang zu retten, was an Überlieferung über die vier, fünf dunklen Jahrhunderte der Dorer-Einfälle hin allein durch Lieder und Epik bewahrt wurde? Schwer vorstellbarer Vorgang: Ein Ereignis, das um 1200 vor unserer Zeitrechnung stattfindet – eben der troianische Krieg, die Zerstörung einer bestimmten Stadt (in Zeiten, da Städtezerstören an der Tagesordnung war) durch die vereinigten achaischen Monarchien, deren Reichtum sich, nach Thomson, auf Eroberung und Raub gründete; die dann ihrerseits den dorischen Eindringlingen erliegen; flüchtend, mit den reichen Familien ihre kulturellen Traditionen mit nach Kleinasien nehmen, wo sie neue Königreiche gründen, »unbedeutende Staaten agrarischen Charakters, in denen der König nichts als der erste Grundbesitzer ist«. In dieser Umwelt, gekennzeichnet durch den allmählichen Verfall der Monarchie und eine jahrhundertelange Ereignisarmut, sei das griechische Epos herangereift. Hochgebildete, schon an der minoischen Kultur geschulte Sänger, in Ionien lebend, hätten sich der Stoffe der Achaier angenommen, die in einzelnen Liedern und Gesängen überliefert wurden und nun, herausgerissen aus ihrem Ursprung, im Laufe der Jahrhunderte durch diese Künstler, die Thomsen die »Homeriden« nennt, ihre letzte Ausformung erfuhren. Wobei sie jene räuberischen Vorgänge mit Abstand betrachten und mit ihrer eignen verfeinerten Weltsicht hätten durchdringen können. Ein einzigartiger Kondensationsprozeß ohne die Hilfe (oder das Hindernis?) der Schrift. Und, was die Ilias angeht, der erste uns bekannte Versuch, einer unter das Gesetz der Schlacht und des Schlachtens gestellten blanken Chronologie ein menschliches Gefühlsmaß aufzudrücken: den Zorn des Achill. Aber es ist die Linie männlichen Handelns, die der Erzähler verfolgt. Nur in den Lücken zwischen den Schlachtbeschreibungen schimmert das Alltagsleben durch, die Welt der Frau.

Meteln, 27. September 1980   Warum eigentlich wünscht man sich ein längeres Leben? Man macht sich vor, dieses und jenes gerne noch sehen, dieses und jenes gerne noch tun – also schreiben – zu wollen. Das ist wahr. Aber wenn es nicht geschähe? Ich finde, nach einem langen Schlaf, G. auf der Wiese, bei der Apfelernte. Darüber, nein, dazwischen der Himmel, ein Block von reinem Blau. Ich hole mir einen Korb, sammle die Äpfel auf, die heruntergefallen sind, lege die angeschlagenen und angefaulten auf Häufchen, die wir dann auf den Kompost tragen, sortiere die guten, »zum Verschenken«, in Stiegen. Der bärtige Freund des Müllers kommt und redet mit uns über die Ziegel, die in Dahlewitz hergestellt werden. Ob ihre Qualität ausreicht, um »einen Giebel hochzuziehen«. Die Rede ist von K., dem einzigen Rohrdachdecker weit und breit, der vom Dach stürzte, weil ein Haken brüchig war – gerade an dem Tag, an dem er nicht getrunken hatte, sagen alle. Doppelter Schädelbasisbruch, Bruch eines Lendenwirbels: Der steigt auf kein Dach mehr, sagt der Mann aus Dahlewitz. Er liegt übrigens noch auf der Intensivstation. – K., der zu dieser Landschaft gehörte.

Ich sehe uns drei Figuren auf dieser Wiese von weitem. Gefühl von Wirklichkeitsschwund: Als habe einer ein Loch in den Plastikbeutel gemacht, der über uns gestreift ist, und nun ströme mit dem Himmel die Luft aus.

Später, als ich auf der Bank vor dem Haus Pflaumen entsteine, frage ich mich, wie viele Jahre ich noch so auf der Bank sitzen werde. Wie viele Jahre ich es überhaupt noch will. Ein Altersruck, plötzlich.

Ich setze Hefeteig an, stelle ihn zum Gehen auf den Ofenrand. G. trägt mit E., der auch an den Sonnabenden Arbeit braucht, die Einzelteile des schweren Eichenschranks, den wir auf die Naturfarbe abgeätzt haben, durch die Küche nach oben, zwischen den Betten wird er aufgestellt. Alle drei bewundern wir ihn. Die Männer beschließen, ihn *doch* einzuölen, damit er dunkler wird und die Eichenmaserung »besser hervorkommt«. Inzwischen bringe ich den Teig auf das Blech, belege ihn mit Pflaumen, dann mit Streuseln, lasse ihn nochmals gehn. Als ich

den Kuchen in die Röhre schiebe, kommen T.s von ihrem
Trip durch die drei Städte Schönebeck, Rehna, Gadebusch,
braun, erholt, begeistert. Während Gerti und ich uns daran-
machen, Salat aus Paprika, Gurken, Tomaten herzustellen,
setzen die Männer im Schlafzimmer das Oberteil des Schreib-
schranks auf das Unterteil. Alle müssen wir ihn begutachten.
Wie gut er aussieht. Wie schön das Zimmer geworden ist. Wie
die griechischen Decken zu dem roten mecklenburgischen
Holz passen ... Das ist die Wahrheit, aber ich spüre, daß
es mir nichts ausmacht, wie dieses oder ein anderes Zimmer aussieht.

Als der Kuchen aus dem Ofen kommt, schiebt G. den großen, in
Folie gewickelten Fisch hinein, ein paar eingewickelte Kartoffeln
dazu. Das braucht jetzt dreiviertel Stunden. Inzwischen decken
wir den Tisch – es wird warm in der Küche –, G. macht einen
Krabbencocktail, holt guten kalten Weißwein, wir fangen langsam an zu essen. Es schmeckt, wir werden lustig. Endlich sind
Fisch und Kartoffeln gar: Ein oft sich wiederholender Vorgang,
wie G. beides aus dem Herd holt, es auswickelt, prüfend
hineinsticht, die Portionen austeilt. Dieser Tag ist für mich voller
Vorgänge, die sich wiederholen, der gute Alltag. Ich frage mich,
ob es »nötig« ist, noch weitere hundert oder tausend Wiederholungen dieser gleichen Vorgänge zu erleben. Die Impulse zum
Weiterleben müssen von etwas Neuem kommen, auf das wir
hinzielen, sonst könnte es passieren, daß wir uns hinter unserm
Rücken mit einem Urteil abfinden.

Wir wechseln zu einem neuen Wein über. Die Rede kommt auf
die Weltlage: Der Krieg zwischen Irak und Iran, der, wie das
meiste heute, Irrsinnszüge hat. (Inwiefern eigentlich? Wieso sind
nicht alle Kriege, einschließlich des troianischen, Irrsinn? Weil
sein Ziel »realitätsgerecht« war: Die Achaier brauchten den
Zugang zum Bosporus, was heißt, sie mußten den Troern die
Kontrolle zu diesem Zugang, zu den Dardanellen, abringen?
Von welcher Verlustrate an verlieren Kriege die »realitätsgerech-
ten« Züge?)

Die Menschen beobachtend, wie sie ihren Alltag absolvieren,
fragen wir uns – wir vier um den hellen Küchentisch, nach einem
guten Essen, beim Wein: Worauf hoffen sie (oder wir)? Hoffen

sie überhaupt? Was erhoffen sie für ihre Kinder? Ist der Impetus aufgebraucht, der seit einigen Generationen für die Kinder immer »etwas Besseres« erhofft hatte als für einen selbst? Ist diese Müdigkeit, sich zu engagieren, nicht eigentlich Hoffnungsmüdigkeit?

R. weiß Zahlen aus der letzten Erhebung der UNO über den Stand der Rüstungen auf der Welt. Danach kämen nun wohl auf jeden Erdbewohner, also auf jeden von uns, drei Tonnen TNT. Die Großmächte könnten sich gegenseitig mehr als ein dutzendmal vernichten. Und so weiter. Wir lachen, ein wenig verlegen. Das »normale Gefühl« bleibt taub gegenüber solchen Zahlen. Empörung, Aufbegehren wären unangemessen. Die Ästhetik des Widerstandes *dagegen* wäre erst noch zu entwickeln.

Wem kann ich erzählen, daß die »Ilias« mich langweilt?

Meteln, 7. Dezemer 1980　　Traum: Wir leben auf einem Bauerngehöft, kleiner, schmutziger, elender als dieses hier, in dem ich erwache. Stehn auf dem Hof. Von dort aus gibt es einen netzartig überdachten Einschlupf für Tiere in die Küche, da sehn wir ein wildes Tier – ein Puma! sagen wir erschrocken – hineinschlüpfen. Entsetzt laufen wir hinein, die kleine, verräucherte, schmuddlige und armselige Küche ist durch ein Drahtgitter abgeteilt, hinter dem ich Geflügel, Haustiere undeutlich wahrnehme, und nun eben auch diesen »Puma«, dahinter aber noch ein zweites wildes Tier, von merkwürdiger, furchteinflößender und ekelerregender Gestalt, für das es gleich gar keinen Namen gibt. Eine entsetzliche Niedergeschlagenheit. Die Tiere müssen weg! sage ich zu H. Wir gehn alle essen, sitzen bedrückt um einen runden Tisch – da ruft H. mich in die Küche. Das zweite der wilden Tiere hinter dem Drahtzaun ist angeschossen, es blutet aus einer Wunde an der Schulter, blickt uns vorwurfsvoll, traurig und zugleich unversöhnlich an. Hast du auf es geschossen? frage ich H. – Natürlich, sagt er, was sollte man denn machen. – Er hat ein Jagdgewehr genommen, das in der Küche an der Wand hing. Noch einmal könne er aber nicht schießen. Das Tier sieht nicht so aus, als wolle es an dieser Wunde verenden. Uns fällt ein, die Tiere könnten einem vorüberziehenden Zirkus entlaufen sein. Nun kann man da auch nicht mehr nachfragen. Mit ihnen leben können wir auf gar keinen Fall. Sie umbringen auch nicht. Freiwillig verlassen die unsere Küche nicht. Wir stehn da, Auge in Auge mit den stummen wilden Tieren, und wissen: Es ist eine ausweglose Situation.

Berlin, 18. Dezember 1980   Das Material, das ich um mich anhäufe, ist mir aus der Kontrolle geraten. Ich lese nicht mehr, um der inneren Ausformung der Kassandra-Gestalt, die mein eigentliches Anliegen ist, eine glaubwürdige sinnliche Umgebung zu schaffen. Ich lese, weil ich nicht mehr loskomme von der Frühgeschichte, der Mythologie, der Archäologie. Marx hat nicht wissen können, was die Archäologie seit dem Ende des 19. Jahrhunderts in Kreta, Griechenland und Kleinasien buchstäblich zutage bringen würde: Er hätte dann wohl die Griechen kaum als die »Kinder«, die »normalen Kinder« unserer Kultur bezeichnet, deren künstlerische Hervorbringungen uns eben deshalb noch faszinieren. Die griechische Kultur ist eine Spät- und Hochkultur, gemessen an der mykenischen, und diese wieder Nachfolgerin anderer Hochkulturen, zum Beispiel der minoischen, von denen die Griechen noch eine Ahnung hatten. In Troia aber, das glaube ich sicher, waren die Leute nicht anders, als wir es sind. Ihre Götter sind unsre Götter, die falschen. Nur sind unsre Mittel nicht ihre Mittel gewesen.

Berlin, 30. Dezember 1980   Die Patt-Situation unter dem dichten Himmel der Stillhalteabkommen: das Beste, was wir für Europa erhoffen können. Die Domestizierung der Widersprüche hüben und drüben. Nicht ihre Entschärfung: ihre Bagatellisierung angesichts und mit Hilfe der Angst vor der totalen Katastrophe, welche die Alternative zum Status quo zu sein scheint. Die Grenze, welche just, indem sie unser ehemaliges Land teilt, die beiden Weltsysteme voneinander trennt und – hoffentlich – auf Distanz hält. Daß man also anscheinend (oder scheinbar) den Status quo wünschen, daß man seine Erhaltung befördern muß, da seine Verletzung Krieg (was heißt »Krieg«; Vernichtung) bedeuten würde oder könnte; daß daher innerhalb der beiden deutschen Staaten Veränderungen am wenigsten denkbar sind; daß die jungen Intellektuellen zu beiden Seiten dieser Grenze sich an Unmöglichem abarbeiten, aber das ist ihr Leben. Und daß die Älteren, Abgeklärten meiner Generation

schon lange erkannt haben: Es gibt keinen Spielraum für Veränderung. Es gibt keine revolutionäre Situation.

Oder ist es gerade anders? Würde die Grundlage für Frieden –
was jetzt herrscht, ist ja nur Nicht-Krieg, »atomares Patt« – eben
dadurch gelegt, daß produktive Veränderungsprozesse in Gang
kämen?

Berlin, 2. Januar 1981 Die Kassandra-Geschichte, wie sie
sich mir jetzt darstellt: Kassandra, älteste und geliebteste Tochter
des Königs Priamos von Troia, eine lebhafte, sozial und politisch
interessierte Person, will nicht, wie ihre Mutter Hekabe, wie ihre
Schwestern, das Haus hüten, heiraten. Sie will etwas lernen. Für
eine Frau von Stand ist Priesterin, Seherin der einzig mögliche
Beruf (den in grauer Vorzeit überhaupt nur Frauen ausgeübt
haben: als die oberste Göttin eine Frau war, Ge, Gaia, die
Erdgöttin; ein Beruf, den im Verlauf anscheinend jahrtausende-
langer Kämpfe Männer den Frauen streitig machten, in dem
Maße, in dem Götter sich an die Stelle der Göttinnen schoben –
wofür das Orakel von Delphi, das der Gott, Apollon, direkt von
Gaia übernimmt, ein schlagendes Beispiel ist). Dieser Beruf, ein
Privileg, wird ihr zugeschoben: Sie soll ihn nach dem Herkom-
men ausfüllen. Genau dies muß sie verweigern – zuerst, weil sie
auf ihre Art den Ihren, mit denen sie innig verquickt und
verbunden ist, am besten zu dienen meint; später, weil sie
begreift, daß »die Ihren« nicht die Ihren sind. Ein schmerzhafter
Loslösungsprozeß, in dessen Verlauf sie, wegen »Wahrheitssa-
gen«, zunächst für wahnsinnig erklärt, dann in den Turm
geworfen wird – von ihrem geliebten Vater Priamos. Die Gesichte, von denen sie überwältigt wird, haben nichts mehr mit den
rituellen Orakelsprüchen zu tun: Sie »sieht« die Zukunft, weil sie
den Mut hat, die wirklichen Verhältnisse der Gegenwart zu
sehen. Das schafft sie nicht allein. Unter den heterogenen
Gruppen im Palast und um ihn – sozial und ethnisch heterogen –
findet Kassandra Anschluß an Minderheiten. Dadurch begibt sie
sich bewußt ins Abseits, entledigt sich aller Privilegien, setzt sich
Verdächtigungen, Verhöhnungen, Verfolgungen aus: der Preis
für ihre Unabhängigkeit. Kein Selbstmitleid; sie lebt ihr Leben,
auch im Krieg. Versucht, den Spruch aufzuheben, der über sie
verhängt ist: daß sie zum Objekt gemacht werden soll. Am Ende

ist sie allein, Beute der Eroberer ihrer Stadt. Sie weiß, daß es für sie keine lebbare Alternative gegeben hat. Die Selbstzerstörung Troias kam der Zerstörung durch den äußeren Feind entgegen. Eine Periode wird kommen, in der Machtstreben und Gewalt dominieren. Aber nicht alle Städte des ihr bekannten Erdkreises werden zerstört werden.

Berlin, 2. Februar 1981   Die meisten Kräfte werden verbraucht zur Abwehr der Irrsinnsnachrichten, besonders aus den USA, zum Beispiel dem Ausbruch kollektiven Wahnsinns bei der Rückkehr der Geiseln aus dem Iran. Bei uns wächst die Liste derer, die weggehn. Täglich Kampf um Arbeitsfähigkeit, von »Lust« nicht zu reden. – Jetzt muß man nicht mehr »Kassandra« sein: Die meisten beginnen zu spüren, was kommen wird. Ein Unbehagen, das viele als Leere registrieren, als Sinn-Verlust, der Angst macht. Eine neue Sinngebung durch die verbrauchten Institutionen – woran viele gewöhnt waren – ist nicht zu erhoffen. Zickzacklaufen. Aber ein Fluchtweg ist nicht in Sicht. Man fühlt sich gestellt. Australien ist kein Ausweg.

Meteln, 22. Februar 1981   Die Nachrichten beider Seiten bombardieren uns mit der Notwendigkeit von Kriegsvorbereitungen, die auf beiden Seiten Verteidigungsvorbereitungen heißen. Sich den wirklichen Zustand der Welt vor Augen zu halten, ist psychisch unerträglich. In rasender Eile, die etwa der Geschwindigkeit der Raketenproduktion beider Seiten entspricht, verfällt die Schreibmotivation, jede Hoffnung, »etwas zu bewirken«. Wem soll man sagen, daß es die moderne Industriegesellschaft, Götze und Fetisch aller Regierungen, in ihrer absurden Ausprägung selber ist, die sich gegen ihre Erbauer, Nutzer und Verteidiger richtet: Wer könnte das ändern. Der Wahnsinn geht mir nachts an die Kehle.

Vormittags Rundfunkvortrag eines inzwischen gestorbenen westlichen Wirtschaftswissenschaftlers. Seine Thesen: In allen Industrieländern müßte die Masse der Arbeitenden monotone, sie als Person zerstörende Arbeit machen, und dies im Namen des »Wohlstands«, dieser heiligsten aller heiligen Kühe der Gegenwart. Ohne monotone Fließbandarbeit sei der jetzige Wohlstand undenkbar – der seinerseits weitgehend »falsche«, durch Verführung erzeugte Bedürfnisse befriedige. Durch den

Zusammenschluß großer Menschenmassen in der Produktion würden die Arbeitsbedingungen für den einzelnen immer undurchschaubarer, immer entmenschlichter. Die Soziologen hätten herausgefunden, daß effektive Arbeitsgruppen, in denen für den einzelnen überschaubare Beziehungen entstehen könnten, nicht mehr als zwölf Personen umfassen dürften. Die Bürokratie, die sich aus dem Zusammenschluß von Massen zu großen Apparaten entwickle, treffe unweigerlich »unmenschliche« Entscheidungen – nicht, weil alle ihre Ausführenden Unmenschen seien, sondern weil ihre Privatmoral ausgeschaltet ist zugunsten der Gesetze der Apparate. (An diesem Punkt setzen die Zweifel von Literatur, Moralisten, Ethikern an der Wirkensmöglichkeit ihrer Hervorbringungen an: Der einzelne *kann* seine Einsichten und Haltungen, wenn sie konträr zu denen der jeweiligen Groß-Institutionen stehn, in den gesellschaftlichen Prozeß nicht einbringen.)

Für den Vortragenden war der Mensch dazu bestimmt: dem Guten nachzustreben, dem Nächsten zu dienen, sich selbst zu verwirklichen. Dies alles sei in der modernen Industriegesellschaft unmöglich. Deren Haupttendenzen seien: Gigantismus, übertriebene Kompliziertheit, Kapitalintensität und Gewalt. Diese Tendenzen seien nicht unabwendbar, es werde aber weder Phantasie noch technische Entwicklungslust und Geld auf Gegenentwürfe verwendet.

Meteln, 26. März 1981   Lektüre: Thomas Mann, Karl Kerényi: Gespräch in Briefen. Neidisches Glücksgefühl angesichts der Steigerung, die jeder der beiden durch den anderen erfährt: ein Vertrauen auf die Bedeutsamkeit unbestechlicher geistiger Arbeit und ein Vertrauen zweier geistig Arbeitender zueinander – Phänomene, die, niemals unangefochten, in eine frühere Epoche zu gehören scheinen. Fast wurde ich angesteckt von dem Gefühl, daß sich uns doch noch Möglichkeiten eröffnen könnten – obwohl ja auch diese beiden Briefschreiber, deren bürgerlich-humanistischer Lebenshintergrund sie wenig vorbereitet hat auf das grauenvoll Fratzenhafte eines faschistischen Deutschland –, obwohl der Romanautor und der Altphilologe unterhöhlt sind vom Selbstzweifel: nicht nur, was selbstverständlich ist, in der um sich greifenden, schließlich fast totalen europäischen Verfinsterung zum Zweiten Weltkrieg hin, sondern dann auch durch die herbe Enttäuschung der Nachkriegsjahre: daß die Menschen »nicht lernen wollen«.

Es geht um das Humanum, ein faszinierender Dialog. Der deutsche Dichter, zwar außerhalb der Grenzen seines Vaterlandes, doch noch nicht im Exil, an den Josefsromanen arbeitend, angewiesen also auf religionshistorische und mythologische Kenntnis und Intuition, und der ungarische Mythenforscher und Religionswissenschaftler, der dem »Hochverehrten« als erste Gabe die Idee vom »wölfischen«, vom »dunklen« Apollon dediziert, womit er, eingestandenermaßen, an die »Wurzeln« von dessen »geistiger Existenz« rührt. Beide verbindend: das brennende Interesse an der »tieferen seelischen Realität« hinter dem Mythos (der ja bei den Griechen nichts anderes bedeutete als »das wahre Wort«, »der Sachverhalt«, später: »der Sachverhalt von den Göttern«). Der »dunkle« Untergrund und Hintergrund des »Lichtgotts« also – eine Behauptung offenbar, die der Lehrmeinung über diesen am weitesten ins »Helle«, »Geistige« hochgetriebenen griechischen Gott widerspricht, ihn aus der unfruchtbaren Antinomie herausnimmt, die zwischen dem Gegensatzpaar »apollinisch« und »dionysisch« besteht; auch die Ambivalenz bestätigt, die Thomas Mann in seinem Identifizierungsbedürfnis zu empfinden scheint: »Wer will sagen, wo die Geschichten ursprünglich zu Hause sind, droben oder drunten?« Gleichzeitig, von der westlichen Ecke Europas, aus England her, arbeitet sich – ohne daß die beiden Briefpartner davon wissen und ohne daß sie, wüßten sie davon, sich darauf beziehen würden – der Marxist George Thomson an den totemistischen Ursprung der griechischen Gottheiten heran: ausgehend vom Totenkult, einem Clan-Kult, bei dem die Toten als Heroen verehrt wurden und der, der wichtigen Rolle von Tieren und Pflanzen im prädeistischen Ritual entsprechend, wahrscheinlich totemistischen Charakter hatte – eine Annahme, die von den Autoritäten jener Zeit anscheinend als »unfein« nicht in Betracht gezogen werden konnte. »Es wird zwar zugegeben«, schreibt Thomson, »daß Apollon Lykeios ein Wolfsgott ist. Sollte aber dieser Wolfsgott jemals wirklich ein Wolf gewesen sein« – also das totemistische Zeichen eines Clans –, »dann liegt das so weit zurück, daß er seinen Kopf nicht durchs Fenster zu stecken braucht.« Tut er es aber doch, stößt man, wie Thomson, auf die Schlange, das heilige Tier, das in den frühesten und den spätesten bekannten Apollon-Heiligtümern mit Honigkuchen gefüttert, aber schon, Jahrtausende früher, in den minoischen Häusern als Schlangengöttin am Hausaltar verehrt wurde, die »Herrin des Hauses«. Weil sie nämlich den Geist der Toten verkörpert, die Doppelgängerin der Toten darstellt, sie, die sich Häutende, als Sinnbild für ihr ewiges Leben: »In der Form der Schlangenverehrung wurde das Clan-Totem durch ein verallgemeinertes Sinnbild der Reinkarnation ersetzt.« Weitere Zehntausende von Jahren früher, in der Urhorde und der frühen Gentilordnung, als der sammelnde und auf primitive, unsichere Weise jagende Mensch sich mit dem Totemtier oder der Totempflanze identifizierte und das Tabu schuf: Du sollst das Totem nicht verzehren!, stellte er das Verhalten des Totemtiers in einem mimetischen Ritual dar, einem magischen Akt, ursprünglich womöglich, um das Tier fangen zu können – nicht immer sei es unberührbar gewesen, meint Thomson, womöglich sogar einst einzige oder Hauptnahrungsquelle des Clans –: später vielleicht der Anspannung aller Energien zur Jagd dienend, eine »Illusionstechnik, welche die Mängel der wirklichen Technik« habe »ausgleichen« sollen. Thomsons Belege für den frühen »gesellschaftlichen Zustand, in dem die Männer durch die Eheschließung in den Clan der Frauen eintraten« – für eine matrilineare Struktur also –, und sein Resümee, der Totemzauber, der im »entscheidenden Augenblick der Trennung des Menschen vom Tierreich aufgetreten« sei, stelle »die Urmutter aller menschlichen Kultur« dar, führt direkt zu dem Gespräch Thomas Mann – Kerényi zurück.

Denn beide beschäftigt der Weg zu den »Müttern«. Beide, besonders aber den Dichter, plagt zuzeiten das intellektuelle Gewissen bei seinem »Mythologisieren«, das er mit der »mütterlichen Sphäre der Natur verband«; einen Skrupel, den er dem zuinnerst teilnehmenden Wissenschaftler am 20. Februar 1934 aus Küsnacht-Zürich erklärt: »Es gibt in der europäischen Literatur der Gegenwart eine Art von Rankūne gegen die Entwicklung des menschlichen Großhirns, die mir nie anders denn als eine snobistische und alberne Form der Selbstverleugnung erschienen ist. Ja, erlauben Sie mir das Geständnis, daß ich kein Freund der . . . geist- und intellektfeindlichen Bewegung bin. Ich habe sie früh gefürchtet und bekämpft, weil ich sie in allen ihren brutal-antihumanen Konsequenzen durchschaute, bevor diese manifest wurden . . . Um jene ›Rückkehr des europäischen Geistes zu den höchsten, den mythischen Realitäten‹ . . . ist es wahrhaftig eine geistesgeschichtlich große und gute Sache, und ich darf mich rühmen, in meinem Werke gewissermaßen Teil daran zu haben. Aber ich vertraue auf Ihr Verständnis, wenn ich sage, daß mit der ›irrationalen‹ *Mode* häufig ein Hinopfern und bubenhaftes Über-Bordwerfen von Errungenschaften und Prinzipien verbunden ist, die nicht nur den Europäer zum Europäer, sondern sogar den Menschen zum Menschen machen. Es handelt sich da um ein ›Zurück zur Natur‹ von menschlich wesentlich unedlerer Art, als dasjenige, welches die Französische Revolution vorbereitete.«

Bedenkenswert, auch heute: wie die Kritik an der Einseitigkeit des männlichen Rationalismus Gefahr läuft, als Irrationalismus, Wissenschaftsfeindlichkeit mißverstanden, auch mißbraucht zu werden; und dies besonders in restaurativen Epochen (der Weg zu den »Müttern« als Rück-Fall in Ressentiment, als Flucht-Weg vor einer Analyse der Verhältnisse, als Idealisierung primitiverer Gesellschaftszustände, womöglich als Vorbereitung von Blut- und Boden-Mythos): Dies bringt wiederum die Frage auf, was, von heute aus und aus den Voraussetzungen dieser Zivilisation (überhaupt noch) »Fortschritt« sein könnte, da doch der männliche Weg, alle Erfindungen und Verhältnisse und Gegensätze auf die Spitze zu treiben, bis sie ihren äußersten negativen Punkt erreicht haben: jenen Punkt, der dann alternativlos bleibt, beinah an sein Ende gelangt ist.

Meteln, Donnerstag, 2. April 1981   Ein junger Mann, in einer Wahn-Liebe zu einer Schauspielerin befangen, die er nie gesehen hat, verübt als Kompensation für nicht erwiderte »Liebe« ein Attentat auf den amerikanischen Präsidenten. Im Fernsehen sieht man einen Begleiter des Präsidenten, der sich dicht bei ihm hält und ein schwarzes Köfferchen trägt. Nach dem Attentat stürzt er sich in die abfahrende gepanzerte Präsidentenlimousine. Das schwarze Köfferchen, erfährt man am nächsten Tag, enthalte den Code, den der Präsident benötigen würde, um den Atomschlag auslösen zu können.

Meteln, 3. April 1981 Eine untergründige Angst vor der Bedrohung durch »die Mütter« – auch bei Mann-Kerényi scheint sie durch – nämlich als Kerényi, den Beinamen »die Schwarze« für die griechische Göttin »Aphrodite« erwähnend, D. H. Lawrence zitiert: »She is the gleaming darkness, she is the luminous night, she is the goddess of destruction, her white cold fire consumes and does not create.« Aus dem erklärenden Beitext scheint mir hervorzugehen, daß Kerényi das Weibliche mit der »wesentlich stummen Natur« identifiziert, den »Geist« hingegen, und auch die »bewußte Humanität« mit dem Männlichen. Nicht ohne Erheiterung lese ich, wie er seinem hochverehrten Briefpartner bescheinigt, es gehöre zu den größten und humansten Dingen, die ihm in seinen »Geschichten Jaakobs« gelungen seien, »daß wir des Schrecklichen bewußt werden, das einem Mann die auf die ›Unrechte‹ vergeudete Liebe bedeutet«.

Das Mörderische der dem »Unrechten« geschenkten Liebe für eine Frau: Ingeborg Bachmann, Franza-Fragment.

Wie aber kommt Kerényi dazu, sich mit der Lawrenceschen Charakteristik der Aphrodite als »Göttin der Zerstörung« zu identifizieren, deren »weißes kaltes Feuer« verzehrend, aber nicht schöpferisch sei? In Anspielung vielleicht auf die phantastische Hesiodsche Überlieferung, nach der Aphrodite, die »Schaum-«(oder Meer-?)Geborene sich aus dem »unsterblichen Fleisch« der Geschlechtsteile des ältesten Gottes Uranos gebildet habe, den sein Sohn Kronos auf Geheiß der vergewaltigten (Erd-)Mutter Gaia kastriert hatte? Während doch, nach Thomson, der sich mit der altgriechischen Kräutermagie befaßt, Myrte und Lilie, Blumen, die der Aphrodite heilig sind, eigentlich in der Geburtshilfe Verwendung fanden: so daß auch hinter der Liebesgöttin Aphrodite, wie hinter Hera, der Gattin des Zeus, hinter Artemis und Demeter keineswegs ein unschöpferisches Prinzip, sondern die alte kretische Geburtsgöttin Eileithya aufschimmert: Sie, deren Sinnbild auch die Taube war, kommt ihrerseits wahrscheinlich von Anatolien her, wo sie Kybele heißt; es gibt zyprische Terrakotten mit der »taubenköpfigen Aphrodite«. Und hier berührt der Mythos den troianischen

Sagenkreis. Die hethitische Aphrodite-Astarte kann in den Helena-Mythos eingegangen sein, dessen eine Variante es ist, daß Helena niemals mit Paris nach Troia kam, sondern dem Paris in einem Tempel der Aphrodite auf Zypern begegnete, wo sie ein Freudenmädchen der Aphrodite gewesen sein kann, wie Herodot es beschreibt:

»Jedes Mädchen dort muß sich einmal im Leben am Tempel der Aphrodite hinsetzen und sich jedem beliebigen Fremden preisgeben ... Sie sitzen im Haine der Aphrodite mit einem Kranz von Schnüren auf dem Kopfe, eine ganze Menge; denn es geht immer ab und zu. Auf den geraden Wegen, die nach allen Richtungen zwischen den Weibern durchführen, aber gehen die Fremden auf und ab, um sich eine auszusuchen. Ein Mädchen, das da sitzt, darf nicht eher nach Haus gehen, bis ihr irgendeiner ein Stück Geld in den Schoß geworfen und sie außerhalb des Heiligtums beschlafen hat. Wenn er ihr das Geld zuwirft, muß er sagen: ›Zu Ehren der Göttin Melitta.‹ Aphrodite heißt nämlich bei den Assyrern Melitta.«

Danach floh sie, die alte orientalische Helena, nach Ägypten, vielleicht »entführt« von Paris, der, nach einer Überlieferung, vom König Proteus zunächst gefangengesetzt, dann nach Troia zurückgeschickt wurde; während er, Proteus, der ägyptische König, die schöne Helena behielt, der Kampf um Troia also um ein Trugbild geführt wurde: um eine von den Dichtern erfundene Figur. – In solche Irritation, in ein solches schier unentwirrbares Geflecht, in immer tiefere Tiefen führt der Weg zu den Müttern. Die Arbeitsteilung unter den höchst verschiedenen Göttinnen, die sich ja erst in den griechischen Statuen zu einem Endprodukt verfestigen, spiegelt die Entfaltung der menschlichen Kultur. Das Los (moíra) der Aphrodite wird es jetzt, Liebe zu erregen.

Aphrodite, thronend im Glanz, unsterblich,
Kind des Zeus, Trugspinnerin, dich beschwör' ich:
Quäle nicht mit Kummer und banger Sorge,
Hehre, das Herz mir.

Sappho, um 600 vor unsrer Zeitrechnung, in ihrer »Ode an Aphrodite«, die manche zum frühesten Zeugnis abendländischer Lyrik erklären. Die Liebe, die die Dichterin mit Hilfe ihrer

Göttin erringen will, ist die Liebe einer Frau. Frühe, auch männliche Dichter, konnten noch unbefangen Beistand von weiblichen Gottheiten erflehen (Homer, Hesiod). Der späte Lawrence fühlt sich von der Liebesgöttin bedroht.

Meteln, 7. April 1981   Kassandra hat zwischen zwei Katastrophen gelebt: dem Vulkanausbruch von Thera/Santorin um 1500 und dem Überfall der Dorer (Nord- und Seevölker) um 1200. Dazwischen, etwa in der Mitte des 12. Jahrhunderts, ihre persönliche Katastrophe: der Untergang Troias. Zu denken wäre eine allmähliche – auch gewaltsam-rasche – Verschiebung der Moral im Mittelmeerraum: zuungunsten der friedfertigeren, auf Handel bedachten Minoer von Kreta, zugunsten der gewalttätigen, auf Raub angewiesenen achäischen Fürsten: wie Homer sie beschreibt. Gab es das wirklich, was manche, vielleicht einem Wunschdenken folgend, annehmen: etwas wie eine »Pax Cretiensis«? Eine Friedensordnung im östlichen Mittelmeer, die von den Achaiern zerstört wurde? Dies würde Kassandra in die Lage versetzen, sich von einer nicht mehr gültigen Utopie trennen zu müssen und keinen realen Lebens-Ort zu finden.

Kann es, heute, um eine Psychologisierung des Mythos gehn? Thomas Mann, 1941, in einem der Briefe an Kerényi: ». . . und was sollte mein Element derzeit wohl sein als Mythos plus Psychologie. Längst bin ich ein leidenschaftlicher Freund dieser Combination; denn tatsächlich ist Psychologie das Mittel, den Mythos den faschistischen Dunkelmännern aus den Händen zu nehmen und ihn ins Humane ›umzufunktionieren‹. Diese Verbindung repräsentiert mir geradezu die Welt der Zukunft, ein Menschentum, das gesegnet ist oben vom Geiste herab und ›aus der Tiefe, die unten liegt‹.« Ein Utopie-Entwurf in der Nuß. Was kann das heute heißen, da diejenigen, welche die Vernichtung ganzer Kontinente planen, im allgemeinen Verständnis weder Dunkelmänner noch Faschisten sind, sich auch die Mühe nicht machen, einen germanischen oder römischen Götterhimmel für ihre Zwecke zurechtzustutzen? Mythen allerdings benötigen sie auch, in dem Sinn, den das Wort inzwischen angenommen hat: im Sinne falschen Bewußtseins. Ein solcher Mythos wäre: daß wir in einem zukunftsträchtigen Frieden leben. Dann schreiben wir das Jahr 47, und Thomas Mann, dem, wie er es 41 voraussagt, das »Exil« »kein Wartezustand mehr« ist, »auf Heimkehr abgestellt«, sondern dem es paradoxerweise etwas wie ein Vorgriff wurde auf eine zukünftige allgemeinere Befindlichkeit, nämlich anspielend auf »eine Auflösung der Nationen und auf die Vereinheitlichung der Welt« – Thomas Mann, immer noch in Pacific Palisades, Calif., nun aber beschäftigt mit dem »persönlichsten, in mehr als einem Sinn gewagtesten und« für ihn »erregendsten« seiner Bücher, dem Faust-Roman, und in diesem mit der Komposition der symphonischen Kantate »Dr. Fausti Weheklag«. »Nun«, schreibt er an den Altphilologen und Humanisten, der allerdings nicht Zeitblom heißt, sondern eben immer noch Kerényi, »Klage ist ja ein recht aktueller Ausdrucksgehalt, finden Sie nicht? Es sieht böse aus . . . Freilich glaube ich im Grunde, daß, alles in allem, die Menschheit doch, trotz allem gegenteiligen Anschein, ein gutes Stück *vorwärts* gestoßen worden ist. Auch ist sie eine zähe Katze. Selbst die A-Bombe macht mich nicht ernstlich bange ihretwegen. Erweist sie sich nicht als zäh in uns selbst? Welch sonderbarer Leichtsinn, oder welche Vertrauensseligkeit, daß wir noch immer *Werke* schaffen! Für wen? Für welche Zukunft? Und doch, ein Werk, und sei es eines der Verzweiflung, kann immer nur den Optimismus, den Glauben ans Leben zur letzten Substanz haben – wie es ja mit der Verzweiflung eine besondere Sache ist: sie trägt die Transzendenz zur Hoffnung schon in sich selbst.«

Sehnsucht nach Leicht-Sinn und Vertrauensseligkeit. Nach Unbefangenheit und Spontaneität. Voraussetzung wäre: vergessen, was ist, oder sich davon frei machen.

Meteln, Sonntag, 26. April 1981   Meldung: In der niederländischen Stadt Groningen habe eine Konferenz von Friedensforschern, Wissenschaftlern verschiedener Disziplinen, Ärzten, ehemaligen hohen Militärs der NATO stattgefunden: Alle diese Teilnehmer hätten das Schicksal Europas sehr skeptisch beurteilt, weil, nach Ansicht der Versammelten, die USA, in der Vorstellung befangen, durch die Entwicklung der Waffentechnik sei der nächste Krieg auch als Atomkrieg »gewinnbar« geworden, darauf aus seien, Europa zum Schauplatz dieses nächsten Krieges zu machen. Die Vernichtung von Hunderttausenden Europäern und Russen sei eingerechnet: eine Schwä-

chung der Sowjetunion, ohne selbst Verluste befürchten zu
müssen. Europa habe, wenn es nicht damit beginne, eine vollkommen andere Politik zu betreiben, noch eine Gnadenfrist von
drei, vier Jahren.

Eine Meldung, die meinen Blick verändert. Das Einschmelzen
aller Gegenstände um mich herum innerhalb einer Sekunde: die
Natur, die zu Asche zerfällt, im gleichen Moment wie ich selbst
zerfalle. Dann weiß ich schon, daß wir uns auch auf diese drei,
vier Jahre einrichten würden. Schon hasse ich mich für die
Absurdität der inneren Rechnung, was ich bis dahin noch
»fertigmachen« könnte: hasse jeden, der mit dieser Meldung
weiterleben, weiterarbeiten würde, und weiß zugleich: Auch
dieser Selbsthaß ist es, den die Herrschenden dringend brauchen.

Wissend, daß Wissende niemals etwas gegen den drohenden
Untergang ihrer Kultur/Zivilisation haben ausrichten können;
wissend, daß wir Europäer in den letzten Jahrzehnten mehrmals
Kriegen auf anderen Erdteilen zugesehen haben, die für die
betroffenen Völker Vernichtungsdrohungen waren; wissend,
daß nun also die anderen Erdteile »die Welt« ausmachen werden,
die uns zusieht. Daß dies denkbar und möglich ist.

Wir sitzen hier, sagt T., das Essen hat uns geschmeckt, und wir
reden gemütlich, anstatt laut schreiend auf die Straße zu rennen.
Australien, sagt jemand, selbst noch ganz jung: Sollte man nicht
wenigstens versuchen, die Kinder zu retten? – Aber würde man,
hält ein anderer ihm entgegen, von draußen zusehn wollen, wie
sie Europa vernichten? Und selber überleben? M. fragt, ob nicht
jene Gruppen und Strömungen »irgendwie hoffnungsvoll«
seien, die sich nicht weiter auf die zerstörerischen Systeme
einließen: die destruktiv gewordenen Institutionen unterwan-
derten; sich nicht in nutzlose Kämpfe mit ihnen verstrickten,
sondern von ihnen abzusehn suchten: »anders« zu leben ver-
suchten. Ich höre mich ja, ja sagen, und laut in mir denke ich, die
selbstzerstörerische Tendenz der heutigen Mega-Systeme allmählich, gewaltlos, außer Kraft zu setzen, brauchte Zeit, die wir
nicht haben. Vielleicht, sagt M., sollten wir so anfangen, wie die
Südafrikaner angefangen haben, als sie sich von dem Rassistenregime befreien wollten: Sie machten sich bis ins Letzte klar und

nahmen die Erkenntnis an: Unsre Lage ist hoffnungslos. Daraus kann doch vielleicht Freiheit entstehn. – Auch Resignation, sagt T., und außerdem: das Rassistenregime, so mächtig es sein mag, ist nicht zu vergleichen mit diesem Deckel, der »atomare Vernichtung« heißt. – Und nicht zufällig jetzt, sagt E., wird es so kreuzgefährlich: da die Ideologien nicht mehr greifen; da die Regierten sich für die Verlautbarungen der Regierenden immer weniger interessieren . . . Antikommunismus finden wir als das einzige, was in den meisten westlichen Ländern immer greift. Ja denken die denn, fragt C., an Befreiung durch Vernichtung? – Zum erstenmal denke ich den Satz: Hitler hat uns eingeholt. Ich behalte ihn für mich. Wir, G. und ich, sind die Ältesten in dem Kreis. Mehr als die Jüngeren drückt uns das Wissen: Wir sind die ersten nicht. – Oder ist es eine Hoffnung? Ich lese ein paar Zeilen aus dem Tagebuch von Stefan Zweig vor. Datum: 28. Mai 1940, nach Beginn der Invasion der Deutschen Wehrmacht in Frankreich (Zweig lebt in England, wo »nichts geschah«, um das Land auf eine mögliche Invasion vorzubereiten; wo er am 22. Mai notiert: »Die alten Cassandragefühle wieder wach.«): »Wird dieser Krieg weitergeführt, so wird er das Grauenhafteste, was die Menschen je gekannt, die totale Erledigung Europas. Und doch, ich habe – ist es Trägheit, Mut oder Treue – keine rechte Lust zu fliehen . . . – Ob man nicht doch mit Europa krepieren sollte . . . Wir, die wir aus und in den alten Begriffen leben, sind verloren; ich habe ein gewisses Fläschchen schon bereitgestellt.«

Wie soll man Jüngere die Technik lehren, ohne Alternative zu leben und doch zu leben? – Wann hat es angefangen? fragen wir uns. War dieser Verlauf unausweichlich? Gab es Kreuz- und Wendepunkte, an denen die Menschheit, will sagen: die europäische und nordamerikanische Menschheit, Erfinder und Träger der technischen Zivilisation, andere Entscheidungen hätten treffen können, deren Verlauf nicht selbstzerstörerisch gewesen wäre? War denn, fragen wir uns, mit der Erfindung der ersten Waffen – zur Jagd –, mit ihrer Anwendung gegen um Nahrung rivalisierende Gruppen, mit dem Übergang matriarchalisch strukturierter, wenig effektiver Gruppen zu patriarchalischen, ökonomisch effektiveren, der Grund für die weitere Entwicklung gelegt? Mit dem Überspringen von Größenverhältnissen, die noch durch menschliche Erfahrung erreichbar gewesen wären? Liegt in der Jagd nach Produkten, immer mehr Produkten, die Wurzel der Destruktivität? Hätte es, für unsere Länder, irgendeine Möglichkeit gegeben, aus diesem Wettlauf auszusteigen, indem wir uns auf andre Werte orientiert hätten?

M. sagt, er glaube, vieles liege daran, daß wir so kurzsichtig lebten, daß wir alles gleich haben wollten, daß wir selber alles wollten – auch das, was wir gar nicht gesät hätten. Ihm werde, sagt er, das Christentum wieder wichtiger, weil er spüre: Wir heutigen Menschen lebten ohne Transzendenz. Ich sage, auch wenn ich diesen Satz bejahe, würde er doch meine Vorbehalte gegen das Christentum nicht auflösen können; die hätten in letzter Zeit durch meine Arbeit neue Nahrung gefunden, indem ich mir klarmachte, welche Sklavenrolle der Frau in den semitisch-christlichen Religionen jahrhundertelang zugewiesen war; und daß eben diese Religionen die brauchbare Hintergrund-Ideologie abgaben für jene Disziplin, jenen Fleiß, jene Unterordnung und Selbstverleugnung, die das Manufaktur- und Fabrikwesen, die der frühe Kapitalismus brauchten. – Wir sprechen von Worten, die der Kriegsvorbereitung dienen: gefährlich, sagt R., sind ja nicht nur die man sofort als kriegstreiberisch erkennt. Gefährlich würde es, wenn die am meisten gehüteten Wörter, »Freiheit« auf der einen, »Sozialismus« auf der andern Seite, als Rechtfertigung für Kriegsvorbereitung benutzt würden. Da sagt, zu unserer aller Überraschung, ausgerechnet S., er frage sich, was eigentlich einem Land zu tun bleibe, das ganz sicher wisse, daß es sich gegen die Art von Bedrohung, die ihm aufgezwungen werde, nicht verteidigen könne? Von uns bleibt doch nichts, sagt er. Gibt es einen höheren Wert als das Leben, in solcher Lage? Er frage sich nach der Gegen-Losung zu der westdeutschen, die man jetzt manchmal hören könne: Lieber rot als tot. Welcher Art sei denn die Radikalität des Denkens, die jetzt von uns gefordert würde? Welchen Inhalt müßten wir dem Wort »Rot« geben, um es allem, selbst dem Leben aller nach uns Kommenden, vorzuziehen? Oder gehe es längst um andre Alternativen?

Daß Leute wie er, denke ich, bis zu solchen Fragen vorstoßen.

Während A. sagt, man könne nichts tun. Wir, die wir uns »frei schaffend« nennen, wüßten nichts von der Aushöhlung des fest Angestellten durch Spaltung. Er, sagt A., sei *eine* Art Mensch während der Arbeit, in seinem Institut; eine andre Art Mensch in der Versammlung; und eine dritte Art Mensch »privat«, abends, wenn er nach Hause komme. Und er benutze auch in seinen drei Leben, die nicht miteinander zusammenhingen, verschiedene Arten von Wörtern: die wissenschaftlichen, die politischen, die privaten – die er für die eigentlich menschlichen halte. Was wir beredeten, was wir uns wünschten, sei Utopie: An welchen Teil dieses gespaltenen Menschen wollten wir uns wenden mit unsrer Vision vom Frieden, die doch auch Mut fordern würde? Angst – ja, bestenfalls. Denn schon Angst sei – wenn es sich nicht um die neurotische Angst vorm Nichts handle – eine Äußerung, hinter der eine Person stehe. A. sieht nur, daß die Person verschwindet. – Das aber, wirft E. ein, betreffe doch auch uns, »frei Schaffende«: anders denken als reden, anders reden als schreiben: Sie für ihren Teil, da sie erkannt habe, daß Zensur und Selbstzensur kriegsfördernd seien; da sie sich klargemacht habe, daß wir die Zeit nicht haben, unsre »eigentlichen« Bücher auf später zu verschieben – sie habe aufgehört mit dem Reden und Schreiben mit gespaltener Zunge . . .

Wir reden bis in die Nacht. Eine utopische Versammlung. Ich stelle mir vor: Hunderte, Tausende, Millionen solcher Versammlungen, über unsern Kontinent verteilt . . .

Meteln, 29. April 1981   Ich will zusammentragen, was mich, uns zu Komplizen der Selbstzerstörung macht; was mich, uns befähigt, ihr zu widerstehn.

Tagesgenüsse: Das Licht am Morgen, das genau durch das kleine Fenster hereinfällt, auf das ich vom Bett aus sehen kann. Frische Eier zum Frühstück. Der Kaffee. Das Aufhängen von duftender Wäsche im Wind, der von der See her kommt. Eine Lektüre über meine Minoer, die mir die vielen Einzelheiten, die ich in den letzten Wochen in meinem Kopf verwirrend angesammelt habe, wieder zusammenbringt. Die gute Suppe mittags. Ein kurzer Schlaf. Freude über eine elektrische Kochplatte, die ich endlich kaufen kann und die unabhängig macht von den Propangasflaschen. Eine freundliche Verkäuferin. Im Antiquitätenladen die junge Frau, die eine blaue Glasschale lange behutsam in ihren Händen dreht, so daß der Schein auf ihr Gesicht fällt. – Nichts mindert meinen Genuß, obwohl der Gedanke an die drei, vier Jahre Gnadenfrist mich besetzt hält. Wozu die Kochplatte? Wenn es keinen Strom, nichts zu kochen, keinen Menschen geben sollte, der ißt. Wozu noch Schönheit, wenn sie schon aufgegeben ist? Wozu noch mehr Bücher zu den vielen, die ich noch nicht gelesen habe? Die Fotos vom vorigen Jahr, die ich endlich entwickeln ließ. Die Gesichter der Kinder schmerzen mich. Abends genieße ich den guten Käse. Den Rotwein. Jetzt die Müdigkeit. Schreiben ist auch ein Versuch gegen die Kälte.

Meteln, 28. April 1981   Und inwiefern auch ein Versuch, mich zu gewöhnen? Das »memento mori« der christlichen Glaubenslehre – ist es vielleicht auch das? Damit verwandt? Täglich versuche ich mehrmals, wenn auch nur sekundenlang, mir vorzustellen, wie die Vernichtung »aussehen«, wie sie sich anfühlen würde (wird). Warum nur sekundenlang? Weil die inneren Bilder unerträglich sind? Auch. Vor allem aber, weil eine tief eingewurzelte Scheu es mir verbietet, durch allzu intensive, allzu genaue Vorstellung das Unglück »herbeizuziehn«. Übrigens: Eben dies war ja Kassandras »Schuld«, für die sie, wie sie wohl fühlt, zu recht »bestraft« wird (was ja nichts andres heißt, als eine verschärfte Form des Unglücks ihrer Landsleute zu erdulden): daß sie mit ihren Prophezeiungen das Unheil erst herbeigerufen hat. Man *darf* ihr nicht glauben, das ist ein Gesetz, solange man nichts, vor allem nicht sich selbst, verändern kann. Was will denn Kassandra, wenn sie vor Beginn des Kriegs in ein großes Wehgeschrei ausbricht? Daß die Troer Helena, des Menelaos geraubte Frau, auf eine Warnung hin zurückgeben? Im Gedicht des Homer könnten sie es vielleicht – dann wäre sein Anlaß entfallen –, doch in der Wirklichkeit nicht; da sie einmal die Einfahrt zum Hellespont kontrollierten und die Achaier eben diese freie Einfahrt haben wollten: Niedergemacht worden wären sie wohl so und so. Oder beklagt Kassandra gerade dies: daß ihre Leute keine Alternative haben? Und daß nur sie es weiß? Denn wie könnten sie sonst kämpfen?

Das Bild, das ich in dieser Minute aus meinem Dachfenster sehe, möchte ich in der Minute meines Todes sehn: Der Himmel, der die Landschaft beherrscht, blau grundiert. Kumuluswolken. Wolkenstreifen darüber, in einer anderen Höhenschicht. Der tiefe Horizont, unterbrochen von Baumwipfeln, die nicht mehr grafisch wirken durch kahles Geäst, sondern »malerisch«: rund, hellgrün. Die unendlich vielen Nuancen von Grün, die, unter dem Himmelsblau, das Bild ausmachen: vom fetten Grün unsrer Wiese – die sich seit einigen Tagen mit gelbem Löwenzahn bestückt – über das Mittelgrün der nahen Büsche bis hin zum hauchzarten Grün jener Bäume im Hintergrund. Beherrschend ist aber der Kirschbaum mitten auf der Wiese, ich kenne keinen wie ihn. Er blüht über und über, trotz der bitteren Kälte der letzten Wochen. Links im Blickfeld, unter der Birke, P.s rotes Bilderbuch-Haus. Unbeschreiblich das sanfte, heitere Licht. – Mittags, während des Schlafs, wieder der Lärm vorbeifahrender Panzer auf der Straße nach M. Gleich gehe ich, die letzten Blumensamen dieses Jahres in die Erde bringen.

Wie mögen die Leute von Troia sich unter der Belagerung benommen haben? Es soll ja ein zehnjähriger Seekrieg, doch nicht zugleich eine zehnjährige strenge Belagerung gewesen sein. Außer Paris, der wegen einer bösen Prophezeiung als Kind weggegeben und, anstatt wie befohlen getötet zu werden, von einem Hirten aufgezogen wird, hat Kassandra noch viele andre Brüder, unter ihnen Helenos. Er, ihr Zwillingsbruder, hat mit ihr, als sie beide Kinder waren, im Hain des Apollon gesessen, Schlangen haben ihnen die Ohren geleckt und ihnen dadurch *beiden* die Gabe der Weissagung verliehen; Schlangen, die Attribute der alten Muttergöttin Gaia. Dies also sicher die frühere Überlieferungsschicht, und nach dieser erst die andre, Apoll habe Kassandra begehrt, nachdem er ihr die Gabe der Weissagung verliehen . . .

Meteln, 29. April 1981   Mein Anliegen bei der Kassandra-Figur: Rückführung aus dem Mythos in die (gedachten) sozialen und historischen Koordinaten.

Fernsehen: Sendung über die Lagerung amerikanischen Giftgases in der Bundesrepublik. Das Riesenlager bei Pirmasens. In einem menschenleeren Gebiet eines Bundesstaates in den USA sei schon einmal eine kleine Menge des Gases entwichen und habe Tausende von Schafen vernichtet. Man sieht die lahmen

Tiere, die sich kriechend vorwärtsschleppen. In den Giftlager-
stätten unter der Erde hält man Kaninchen als Meßgeräte ...
(Worin liegt der Unterschied zu den Opfertieren der Alten? Der
Fortschritt, als sie von Menschen- zu Tieropfern übergingen.) In
den USA werde eine neue Giftgasrakete entwickelt. Sie gehört,
sagt der Amerikaner, auf das potentielle Schlachtfeld, und das ist
eben Europa.

Danach die Protestaktionen evangelischer Christen, denen Poli-
tiker jetzt entgegenhalten: Die Bergpredigt sei schließlich keine
Anleitung zu aktuellem politischen Handeln. Eine junge Frau:
Ich möchte mich später einmal nicht von meinen Kindern fragen
lassen müssen – so wie wir unsre Eltern und Großeltern fragen –:
Warum habt ihr damals nichts gesagt. – Ein Menschentyp ist da
entstanden, ähnlich oder gleich in Ost und West, eine schmale
Hoffnung.

Zu Priamos' Zeiten, da die Einheiten kleiner waren, die diese
Könige regierten (und sie durch Vergötterung einen zusätzlichen
Schutz genossen), war vielleicht ihre Abschirmung vom norma-
len Alltagsleben nicht so total wie die heutiger Politiker, die ihre
vernichtenden Entscheidungen nicht aufgrund eigner Beobach-
tungen, nicht aufgrund sinnlicher Erfahrungen treffen, sondern
nach Berichten, Karten, Statistiken, Geheimdienstmeldungen,
Filmen, Beratungen mit ähnlich Isolierten, nach politischem
Kalkül und den Erfordernissen der Machterhaltung. Die die
Menschen nicht kennen, die sie da der Vernichtung preisgeben;
die von Anlage oder Training her die eisige Atmosphäre an der
Spitze der Pyramide ertragen; denen die einsame Macht den
Schutz gibt, den ihnen das alltägliche Leben in Tuch- und
Hautfühlung mit normalen Menschen nicht gegeben hat und
geben könnte. Banal, aber so ist es.

Das vielfach gefilterte, auf ihre Zwecke hin konstruierte und
abstrahierte Bild von Realität, das diesen Politikern zugeschoben
wird. Ist es eine »realistische« Aufgabe, das hierarchisch-männli-
che Realitätsprinzip außer Kraft zu setzen – oder ist es eine zwar
notwendige, aber wirklichkeitsfremde Bemühung? Und inwieweit kann der Literat, die Literatur durch totale Entfernung von
der sinnlichen Erfahrung des Alltagslebens dieses »Realitätsprinzip« noch unterstützen?

Luftschutzübung in X. Die Fenster werden mit Papierstreifen beklebt, die Lebensmittel in Plastetüten verpackt, in die Badewanne muß Wasser eingelassen und die Wanne dann zugedeckt werden. Das Wort »Luftschutz« löst, aus der Zeit vor 1939, in mir ein starkes Gefühl von Vorkrieg aus. Die junge Frau, eine Schauspielerin, die aus Entsetzen über dieses Gefühl, das sie zum erstenmal erlebt, ein Programm mit Friedenstexten für Kinder, für die Klasse ihres Kindes zusammenstellen will. Der Mann, der sich in seinem ehemaligen Heimatdorf ein leerstehendes Haus ausbaut, die Wochenenden hier verbringt und angefangen hat, sich um die Tiere und Pflanzen der Gegend zu kümmern. Er registriert die alten alleinstehenden Bäume und will sie unter Naturschutz stellen lassen. Jetzt wehrt er sich gegen den Plan, im Zuge der Melioration die kleinen Wasserlöcher zuzuschütten, die dieser Landschaft auch ihr Gepräge geben und Dutzende von Vogelarten bewirten. Er hat auf diesen kleinen Teichen eine seltene Vogelart zum Brüten gebracht: eine Sensation für diese Gegend. Wir trafen ihn eben an den Wasserlöchern gegenüber von Brehmers Haus, er warnte uns, zu lange an ihrem Rand stehnzubleiben, weil die Vögel noch nicht abgebrütet haben und die Eier kalt werden könnten, wenn die Brüter zu lange die Nester verlassen, aus Angst vor uns. Am Dorfrand begegnen wir den Jungen von Sch., die behutsam in den hohlen Händen ein Schwanenei zu unserem Mann bringen wollen: Traktoristen haben es bei der Feldbestellung gefunden und schicken es ihm. Er werde schon Rat wissen. Lange stehen wir über das Ei gebeugt, es ist sehr groß, ebenmäßig, hellgrüngrau, schön, zur Hälfte mit einer Wachsschicht überzogen. Es ist noch nicht kalt geworden, sagt der Junge, bestimmt kann man es retten.

Meteln, 30. April 1981   Gestern die Bilder, die Amerikaner bei der Befreiung des KZ Dachau filmten. Knochenhaufen, Leichenhaufen. Deutsche aus Dachau, welche die Leichen mit Schwung auf die Bauernwagen werfen, die zur Bestattung fahren. Gesichter wohlgenährter Amerikaner unter ihren Helmen – Gestalten aus einer anderen Welt. Diese Konstellation: Besiegte und Sieger, Gedemütigte und Triumphierende – Grundkonstellation in der Menschheitsgeschichte; die Eroberung Troias ist einer der ersten uns bekanntgewordenen Fälle –

selbst schon eine künstlerische Zusammenziehung Dutzender von Städteeroberungen der damaligen Zeit. Aber daß die Sieger auf Male wie Auschwitz, wie Dachau stießen – dies war wohl einmalig. Ein Wort wie »unmenschlich« sagt nichts, weil es eher zudeckt als enthüllt. Sind die Gefühlstaubheit und ameisenhafte Betriebsamkeit, die solche Berserkeruntaten signalisieren, nicht auch Zeichen für einen Hang zur Selbstvernichtung, herrührend aus einer bösen langangestauten Unfähigkeit zu handeln? Muß nicht eine Tatenarmut wie die, zu der die progressiven Kräfte über weite Strecken der deutschen Geschichte gezwungen waren, zu Untaten führen? Das Gegensatzpaar »tatenarm und gedankenvoll« zerbrechen?

Meteln, 1. Mai 1981   Um Kriege zu verhindern, müssen auch Menschen in ihrem jeweils eignen Land Kritik an den Mißständen ihres eignen Landes üben. Rolle der Tabus bei der Kriegsvorbereitung: Unaufhörlich, unermeßlich wächst die Zahl der unwürdigen Geheimnisse. Wie unbedeutend alle Zensur-Tabus und die Folgen ihrer Übertretung durch die Bedrohung des Lebens werden.

Über Realität. Die irrsinnige Tatsache, daß die Literatur in allen »zivilisierten« industrialisierten Ländern, wenn sie realistisch ist, eine vollkommen andre Sprache spricht als eine jede öffentliche Verlautbarung. So, als gebe es ein jedes Land zweimal. Als gebe es jeden Bewohner zweimal: einmal als ihn selbst und als mögliches Subjekt einer künstlerischen Darstellung; zweitens als Objekt der Statistik, der Publizistik, der Agitation, der Werbung, der politischen Propaganda.

Das Objektmachen: Ist es nicht die Hauptquelle von Gewalt? Die Fetischisierung lebendig-widersprüchlicher Menschen und Prozesse in den öffentlichen Verlautbarungen, bis sie zu Fertigteilen und Kulissen erstarrt sind: selbst tot, andre erschlagend.

Inwieweit gibt es wirklich »weibliches« Schreiben? Insoweit Frauen aus historischen und biologischen Gründen eine andre Wirklichkeit erleben als Männer. Wirklichkeit anders erleben als Männer, und dies ausdrücken. Insoweit Frauen nicht zu den Herrschenden, sondern zu den Beherrschten gehören, jahrhundertelang, zu den Objekten der Objekte, Objekte zweiten Grades, oft genug Objekte von Männern, die selbst Objekte sind, also, ihrer sozialen Lage nach, unbedingt Angehörige der zweiten Kultur; insoweit sie aufhören, sich an dem Versuch abzuarbeiten, sich in die herrschenden Wahnsysteme zu integrieren. Insoweit sie, schreibend und lebend, auf Autonomie aus sind. Da begegnen sie dann den Männern, die auf Autonomie aus sind. Autonome Personen, Staaten und Systeme können sich gegenseitig fördern, müssen sich nicht bekämpfen wie solche, deren innere Unsicherheit und Unreife andauernd Abgrenzung und Imponiergebärden verlangen.

Sollte man nicht einmal versuchen, was herauskäme, setzte man in die großen Muster der Weltliteratur Frauen an die Stelle der Männer? Achill, Herakles, Odysseus, Ödipus, Agamemnon, Jesus, König Lear, Faust, Julien Sorel, Wilhelm Meister. Frauen als Handelnde, Gewalttätige, Erkennende? Sie fallen durch den Raster der Literatur. Dies heißt »Realismus«. Die ganze bisherige Existenz der Frau war unrealistisch.

Meteln, 7. Mai 1981   Aber: Woraus speist sich mein Unbehagen bei der Lektüre so mancher Veröffentlichung – auch aus dem Bereich von Archäologie, Frühgeschichtsschreibung –, die sich selbst unter das Prädikat »Frauenliteratur« begibt? Nicht nur aus meiner Erfahrung, in welche Sackgasse sektiererisches, andere als die von der eigenen Gruppe sanktionierten Gesichtspunkte ausschließendes Denken immer führt; vor allem empfinde ich einen wahren Horror vor jener Rationalismuskritik, die selbst in hemmungslosem Irrationalismus endet. Daß Frauen zu der Kultur, in der wir leben, über die Jahrtausende hin offiziell und direkt so gut wie nichts beitragen durften, ist nicht nur eine entsetzliche, beschämende und skandalöse Tatsache für Frauen – es ist, genau genommen, diejenige Schwachstelle der Kultur, aus der heraus sie selbstzerstörerisch wird, nämlich ihre Unfähigkeit zur Reife. Jedoch bringt es der Fähigkeit zur Reife nicht näher, wenn an die Stelle des Männlichkeitswahns der Weiblichkeitswahn gesetzt wird und wenn die Errungenschaften vernünftigen Denkens, nur weil Männer sie hervorgebracht haben, von Frauen zugunsten einer Idealisierung vorrationaler Menschheitsetappen über Bord geworfen werden. Die Sippe, der Clan, Blut und Boden: Dies sind nicht die Werte, an die Mann und Frau von heute anknüpfen können; daß diese Schlagworte Vorwände für schreckliche Regressionen bieten können, sollten gerade wir wissen. Es gibt keinen Weg vorbei an der Persönlichkeitsbildung, an rationalen Modellen der Konfliktlösung, das heißt auch an der Auseinandersetzung und Zusammenarbeit mit Andersdenkenden und, selbstverständlich, Andersgeschlechtlichen. Autonomie ist eine Aufgabe für jedermann, und Frauen, die sich auf ihre Weiblichkeit als einen Wert zurückziehen, handeln im Grunde, wie es ihnen andressiert wurde: Sie reagieren mit einem großangelegten Ausweichmanöver auf die Herausforderung der Realität an ihre ganze Person.

Meteln, 10. Mai 1981   Die Archäologie der letzten hundert Jahre bietet Gelegenheit zu beobachten, wie eine dann »historisch« genannte Wahrheit hergestellt wird. Am Beispiel Troia: Ein Mann, Heinrich Schliemann, der das als reine Erfindung geltende homerische Epos wörtlich nimmt, findet die Überreste übereinanderlagernder Festungsbauten gegen Ende des vorigen Jahrhunderts an der von Homer bezeichneten Stelle: auf dem Hügel Ate am Fluß Skamandros, irrt sich freilich über jene Schicht, die er für das homerische Ilion ansieht, wird von seinem späteren Mitarbeiter Dörpfeld korrigiert, eröffnet jedenfalls der Wissenschaft den Blick auf die Tatsache, daß die griechische Frühgeschichte kein Mythos ist – richtiger: daß die Mythen »Wahrheit« spiegeln. Sir Arthur Evans, etwa gleichzeitig mit Kreta, dem Palast von Knossos, beschäftigt, versucht durch Datierungen der minoischen Kultur, in die man dann auch die Daten von Troia einzubringen sich bemühen wird, die Geschichte Kretas an die vorhandene Zeit-Tafel der Ägypter anzuschließen. Widersprüche, Lücken, Unstimmigkeiten bis heute, doch setzt sich eine bestimmte Schule durch, die darauf bauen kann, daß wir Realität, geschichtliche Realität, nur in einem Koordinatensystem Raum und Zeit wahrnehmen können, als würde der Ausdruck »Spätminoisch III B« – etwa die Zeit, in die man »Troia VII A« datiert – an und für sich das mindeste besagen. Wie soll Geschichte bei schriftlosen Völkern erinnert werden: Geschichte, die, wie Fritz Schachermeyr sagt, sich »in Abfolge und gleichzeitigem Nebeneinander« abspielt? »Wesentliches und Unwesentliches, Allmähliches und Plötzliches, Langweiliges und Kurzweiliges, Blütezeiten, Leerlauf, Krisen und Kata-

strophen wechseln ab. Geschichte ist in der Regel auch ermü-
dend, verwickelt und kompliziert. So wie sie sich wirklich
abgespielt hat, ist sie vielfach ungeeignet, im ungeschulten
Gedächtnis und in der naiven Erinnerung aufbewahrt zu werden. Geschichte, wie sie wirklich war, kann daher von Nicht-
Fachleuten nicht erinnert, sondern nur erschrieben werden.« In
Kulturen, die keine Schrift kannten oder jedenfalls keine Geschichtsschreibung hätten, gebe es nur zwei Wege, die Vergangenheit dem menschlichen Merkvermögen wenigstens mit Ein-
schränkung zugänglich zu machen: den der Aufstellung von
Listen und den anderen der Konzentration auf das für die
dichterische Phantasie Wesentliche. Bei diesem Konzentrations-
prozeß – an dessen Ende im Glücksfall ein homerisches Epos
stehn kann – werde die Fülle der Figuren bis auf wenige
anschauliche und lebenskräftige Idealgestalten vereinfacht; die
Menge der Erscheinungen durch wenige Symbol-Akte ersetzt.
Riesige Zeiträume würden zusammengeschmolzen. Es habe kein
Gedächtnis gegeben für Prosaisches. Tausende von Versen aber
seien mühelos behalten worden.
Was bedeutet diese Erfahrung für eine Literatur, die keine
großen lebenskräftigen Idealgestalten mehr schaffen, keine zusammenhängenden – durch Krieg und Mord und Totschlag und
die dazu fälligen Heldentaten zusammenhängenden – Geschich-
ten mehr erzählen will? Welche Art von Gedächtnis verlangt und
unterstützt die Prosa der Virginia Woolf? Warum sollte das
Gehirn, das doch oft mit einem Netzwerk verglichen wird, die
Erzählung einer linearen Fabel besser »behalten« können als ein
erzählerisches Netzwerk? Wie sonst könnte ein Autor gegen die
Gewohnheit angehn (die den Anforderungen der Zeit nicht mehr
entspricht), Geschichte als Heldengeschichte zu erinnern? Die
Helden sind auswechselbar, das Muster bleibt. Auf diesem
Muster entwickelte sich die Ästhetik.
Meteln, 11. Mai 1981   Ein bundesdeutscher Politiker meint,
im letzten Jahrzehnt habe sich ein allgemeiner Bewußtseinswan-
del vollzogen, der mit dem in der Renaissance vergleichbar sei. –
Was wäre der Inhalt eines solchen Wandels? Vielleicht ein
Verzicht? Ein Verzicht auf die Beherrschung und Unterwerfung
der Natur, Verzicht auf die Kolonialisierung andrer Völker und

Erdteile, aber auch auf die Kolonialisierung der Frau durch den Mann? Es ist eine Lust zu leben – vorausgesetzt man ist *nicht* Herr der Welt und strebt auch nicht an, es zu sein?

Mir fällt auf, daß das Verdikt, unrealistisch, realitätsfern zu sein, gegen Literatur genauso erhoben wird wie gegen die Friedensbewegung, und von den gleichen Leuten. Realist ist heute, wer auf dem Boden der Tatsachen steht – ein Boden, der in den Plänen dieser gleichen Realisten bereits verseucht ist. – Welche Konsequenz hat dieser Realismusbegriff für die Ästhetik?

Meteln, 16. Juni 1981   Lewis Mumford: »Mythos der Maschine«. Geht davon aus, daß die Haupterfindung der Frühmenschen nicht die Produktionsinstrumente waren, sondern Symbole – z. B. das Ritual –, mit deren Hilfe sie den Druck ihrer Träume, des Unbewußten, kanalisierten; und daß ihre größte geistige Leistung die Erfindung der Sprache war. Eine groß angelegte Polemik gegen eine vulgärmaterialistische Interpretation des Menschen und der Geschichte.

Meteln, 16. Juni 1981   Schwierigkeit, die einzelnen Glieder der Kassandra-Geschichte deutend miteinander zu verbinden. Einige Möglichkeiten leuchten auf, nämlich: Ihr »Wahnsinn« könnte wirklicher Wahnsinn sein, eine Regression in undifferenziertere Stadien ihrer Person (auch der Menschheitsgeschichte), ausgelöst z. B. durch die Zumutung, ein Tabu zu brechen: etwa als Priesterin ein Menschenopfer vorzunehmen – möglicherweise, in Erinnerung an angebliche Bräuche an Königinnenhöfen, einen Knaben. Dies kann sie nicht. Steht der Vorgang womöglich im Zusammenhang mit der Ankunft der Penthesilea, welche die ausweglose Linie des Matriarchats verkörpert? – Aber wegen Wahnsinns wird sie nicht eingesperrt. In den Turm kommt sie wegen des *Inhalts* ihrer Visionen. Aus rein pragmatischen Gründen wird sie mit Eurypylos verlobt, der die Troer mit einer Armee von Mysern verstärkt. Sie erfährt bis auf den Grund, was es heißt, zum Objekt fremder Zwecke gemacht zu werden. Zunehmend entzieht sie sich dann dem Dienst an den Ihren, der sozialen Maschinerie, in die sie eingebaut ist, und pflegt Umgang mit solchen, die – sei es durch Zwang, sei es freiwillig – auch draußen stehn wie sie. Ihre innere Geschichte: das Ringen um Autonomie.

Zu zeigen, wie die historische Kassandra, von der ich ausgehe, und ihre historische Umgebung durch Ritual, Kult, Glauben und Mythos gelenkt werden, während für uns das *gesamte* Material »mythisch« ist.

Die Figur verändert sich andauernd, indem ich mich mit Material befasse; immer mehr schwindet der tierische Ernst, alles Heroische, Tragische, demzufolge schwinden auch Mitleid und einseitige Parteinahme für sie. Ich sehe sie nüchterner, sogar mit Ironie und Humor. Durchschaue sie.

Dann stürzte ihre Umgebung auf mich ein: ihre Freundinnen, ihre Familie. Ich muß sie ja kennen. Stelle fest: Ich »kenne« sie, schon lange. Immer mehr Abstraktionen füllen sich mit Fleisch und Blut, mit Gesichtern, Gesten. – Ich werde für die Erzählung, in der ich immer mehr eine Schlüsselerzählung sehe, viel mehr Zeit brauchen, als ich für das Lehrstück veranschlagt hatte, das mir am Anfang vorgeschwebt haben muß.

Meteln, 30. Juni 1981   Neulich ein Wissenschaftler im Fernsehen, der davon sprach, wie viele Menschen sich allenthalben den destruktiven Strukturen der Institutionen entzögen; da sei doch eine Hoffnung; andrerseits, wenn er tief in sich hineinschaue, dann glaube er doch, daß ein großer Teil der Menschheit eines Tages atomar vernichtet würde: Alle diese Mittel dafür lägen nun einmal da . . .

Lewis Mumford: »Mythos der Maschine«, nachdem er über 800 Seiten das Entstehen und das Wesen der heutigen Organisationsform der Mega-Technik beschrieben und analysiert hat, nach dem Vergleich der heutigen Herrschaftssysteme mit dem für seine Zeit technisch fortgeschrittenen und scheinbar unerschütterlichen Machtblock des Römischen Reichs, welches auch durch die christliche Minderheit nach und nach unterhöhlt und zerbröckelt wurde:

»Wenn eine solche Entsagung und Entäußerung im stolzen Römischen Reich möglich waren, sind sie überall möglich, auch hier und jetzt; und heute noch eher, nachdem mehr als fünfzig Jahre lang Wirtschaftskrisen, Weltkriege, Revolutionen und systematische Vernichtungsaktionen die moralischen Grundlagen der modernen Zivilisation in Schutt und Asche gelegt haben. Wenn das Machtsystem nie so gewaltig schien wie heute, da es mit

einer brillanten technischen Großtat nach der anderen aufwartet,
so war auch seine negative, lebensverstümmelnde Kehrseite nie
zuvor so gefährlich . . . Die materielle Struktur des Macht-
systems war noch nie so klar erkennbar; doch seine menschlichen
Stützpfeiler waren noch nie so schwach, so indifferent, so ver-
wundbar . . . All dies ist so plötzlich gekommen, daß viele Leute
kaum begriffen, daß es überhaupt geschehen ist; die menschlichen
Institutionen und die moralischen Überzeugungen, die Tausende
Jahre brauchten, um auch nur minimale Wirkung zu erzie-
len, sind vor unseren Augen verschwunden; so völlig, daß die
nächste Generation kaum glauben wird, daß sie jemals existier-
ten . . . Die ersten Anzeichen einer . . . Transformation werden in
einem inneren Wandel bestehen; und innere Veränderungen
kommen oft plötzlich und vollziehen sich rasch. Jeder von uns
kann, solange das Leben sich in ihm regt, in der Befreiung vom
Machtsystem eine Rolle spielen, indem er in stillen Akten geistiger
und physischer Lossagung – in Gesten der Nichtübereinstim-
mung, der Enthaltung, der Selbsteinschränkung und -hemmung,
die ihn der Herrschaft des Macht-Pentagons entziehen – seinen
Primat als Person geltend macht.
Ist auch keine unmittelbare und vollständige Rettung vor dem
Machtsystem möglich, am wenigsten durch Massengewalt, so
liegen doch die Veränderungen, die dem Menschen Autonomie
und Initiative wiedergeben werden, in der Reichweite der einzel-
nen Seele, wenn sie erst einmal aufgerüttelt ist. Nichts könnte
dem Mythos der Maschine und der enthumanisierten Gesell-
schaftsordnung, die er hervorgebracht hat, gefährlicher werden
als ein stetiger Entzug des Interesses, eine stetige Verlangsamung
des Tempos, eine Beendigung der sinnlosen Gewohnheiten und
gedankenlosen Handlungen. Und hat nicht all dies faktisch schon
begonnen?«

Meteln, 21. Juli 1981 Erzähltechniken, die ja in ihrer jeweiligen Geschlossenheit oder Offenheit auch Denk-Muster trans-
portieren. Empfinde die geschlossene Form der Kassandra-
Erzählung als Widerspruch zu der fragmentarischen Struktur,
aus der sie sich für mich eigentlich zusammensetzt. Der Widerspruch kann nicht gelöst, nur benannt werden.

Meteln, 12. August 1981   Am Tage der Hiroshima-Bombe, dem 6. August, hat der amerikanische Präsident beschlossen, die Neutronenbombe bauen zu lassen; der Verteidigungsminister gab bekannt, die ersten Sprengköpfe seien fertig montiert und könnten in wenigen Stunden in West-Europa sein, falls sie dort gebraucht würden. – Ich dachte, dies könnte unser Todesurteil sein, aber was fühlte ich wirklich? Ohnmacht. Brachte das Frühstück auf den Tisch im Hof. Redete mit den anderen. Lachte.

Am 6. August abends ein Dokumentarfilm über eine japanische Familie in Hiroshima. Die Frau war als Schwangere der Strahlung ausgesetzt gewesen, hatte eine geschädigte Tochter geboren und war 1979 an den Spätschäden, Knochenkrebs, elendiglich zugrunde gegangen. Die Kamera zeigte Stadien des Verfalls. Den Mann, der Friseur ist. Das Gesicht der hilflosen Tochter, die, als die Mutter nichts mehr machen kann, kleine Hilfeleistungen übernimmt. Den Arzt, der der Frau sagt, ihre Wirbelsäule sei »angegriffen«. Die Nachbarin, die sie regelmäßig besucht. Den herzzerreißenden Abschied der beiden Frauen voneinander. Die Kranke, die bei jeder Umlagerung fürchten muß, einer ihrer mürben Knochen werde brechen. Ihr Gesicht, weinend. Ihre abgemagerten Arme, flehenden Hände. Die Tochter, weinend. Wie sie sich bei der Trauerfeier weigert, sich von der toten Mutter zu verabschieden. Wie sie Wochen später danach verlangt, zum Friedhof zu gehen. Den glatten Stein küßt, auf dem Grab der Mutter. Wie eine Schulklasse kommt, die diesen Film gesehen hat, und sich mit dem Schicksal dieser Familie beschäftigen will: Die meisten jungen Leute in Japan wissen nichts über die Folgen von Hiroshima.

Eindringlicher könnte ein Dokument nicht sein. Auf diejenigen, die über den Einsatz von Waffen verfügen, hätte es, selbst wenn sie es sähen, nicht die mindeste Wirkung. Warum eigentlich nicht? Wäre, in diesem Fall, nicht gerührt sein besser als sich rühren? Wenn keiner, der mit Waffen zu tun hat, mehr den Finger rührte? Dann würden sie alle arbeitslos. Na und? denkt man. Besser arbeitslos als tot. Aber so denken die nicht, denn sie fürchten mehr den sicheren gesellschaftlichen Tod als den unsicheren physischen. Dies nenne ich: falsche Alternativen. Ihre Zahl nimmt zu.

Meteln, 17. August 1981   Gespräch mit einem Wirtschafts-funktionär, einem sympathischen Mann. Das Gefühl, wir hätten »den Zenit überschritten«; die heute jung sind, tun ihm leid. Große Skepsis in bezug auf die Zukunft. Aber unangetastet bleibt die Überzeugung, daß die Staaten und ihre Wirtschaft nur nach den Maßstäben von Konkurrenz- und Leistungsdenken regiert werden können. Mich wundert es doch, daß nicht einmal die Einsicht in die Unlösbarkeit lebenswichtiger Probleme diese Menschen dazu bringt, über den Zusammenhang z. B. der exzessiven Rüstungsanstrengungen auf allen Seiten mit den patriarchalischen Strukturen des Denkens und Regierens zu reflektieren.

Eine Ärztin erzählt mir, als in einer Zivilverteidigungsschulung der Vortragende forderte, wir alle müßten »kriegsbewußt denken« lernen, sei es plötzlich ganz still im Raum geworden.

Meteln, 21. August 1981   Lese in den Schriften von Hans Henny Jahnn, der am 6. Mai 1949, als die ersten Brüche in der Anti-Hitler-Koalition der Alliierten sich zeigten, konstatiert: Der Dritte Weltkrieg ist vorprogrammiert. Der sofort die verheerende Bedeutung der Atombombe erkennt. Der feststellt: Einen bewaffneten Frieden gibt es nicht. Friede ist unbewaffnet, oder er ist kein Friede – was immer man verteidigen zu müssen glaubt. Zweimal in diesem Jahrhundert ist aus dem »bewaffneten Frieden« der Krieg entstanden, jeder Krieg härter als sein Vorgänger. – Genau das gleiche sagte in den fünfziger Jahren Brecht: Wenn wir nicht aufrüsten, werden wir Frieden haben. Wenn wir aufrüsten, werden wir Krieg haben. – Ich sehe nicht, wie man anders darüber denken könnte.

Meteln, 23. August 1981   »Die Erkenntnis, die nicht durch die Sinne gegangen ist, kann keine andere Wahrheit erzeugen als die schädliche.« Leonardo da Vinci. Wenn diese Einsicht – nach dem langen gefährlichen Experiment mit der abstrakten Rationalität, das im instrumentalen Denken endete – wieder fruchtbar würde: Dies wäre wirklich eine neue Renaissance des Bewußtseins. Was spricht dagegen? Daß die Sinne vieler Menschen – nicht durch ihre »Schuld« – verödet sind und daß sie, mit Recht, Angst davor haben, sie zu reaktivieren. Daß sie es vielleicht nicht mehr können. Was fehlte der Menschheit, wenn ihr der »europäische Mensch« genommen würde, wie es jetzt ins Auge gefaßt wird? Was können wir zu unseren Gunsten vorbringen? Daß Europäer es waren, die aus der Unterwerfung und Ausbeutung anderer Völker und Erdteile jenes Herren- und Rassenbewußtsein zogen – oder es daran bewährten –, welches dann auch die Richtung der technischen (darunter die der waffentechnischen) Entwicklung und die Strukturen der Wirtschaft und der Staaten bestimmte? Daß wir selbst die Kräfte in die Welt gesetzt haben, die uns bedrohen? Daß die Mega-Maschine in ihrer zerstörerischen Irrationalität das End-Produkt unsrer Kultur geworden ist?

Die Debatte über die Ursprünge der Kultur, ihre Definition, ist natürlich unter Archäologen ein hochbrisantes, ideologisch aufgeladenes Thema. Marie E. P. König wehrt sich gegen die Auffassung, daß man den Anfang der Kultur da zu suchen habe, wo die Schrift begann – also in den orientalischen Hochkulturen –, weil dadurch der Kultur eine geistige Tiefendimension verlorengehe: Wir hätten dadurch unsere geschichtlichen Ursprünge verloren, das Wissen aller früheren Generationen, das die Voraussetzung für den Fortschritt sei. In Europa, meint sie, sei die im Lande verbleibende Bevölkerung immer mit der Vorzeit in Verbindung geblieben: Die Kelten zum Beispiel hätten noch das Wissen aller vorhergegangenen Geschlechter besessen. In keinem anderen Teil der Welt berge der Boden so reiche Schätze kultureller Vergangenheit, und nirgends sei der kontinuierliche Rückblick bis in die Altsteinzeit so lückenlos erhalten. »Solange nicht entsprechende Dokumente aus anderen Gegenden der Welt vorliegen, müssen wir annehmen, daß die Wiege der Kultur im Abendland stand.«

Mit ihr in einem imaginären Dialog steht, ohne sie zu kennen, Hans Georg Wunderlich; er stellt am Ende des Buches, in dem er die stark umstrittene These vertritt, die großen Paläste der minoischen Kultur auf Kreta seien Stätten des Totenkults und der Totenbestattung und nicht weltliche Herrschaftszentren gewesen, die Frage: Weshalb stand die Wiege der europäischen Kultur gerade in Griechenland? Weshalb nicht in Etrurien, in Gallien, in Nordgermanien oder anderswo? . . . Die abendländische Kultur, in ihren Anfängen auf das minoische und mykenische Erbe zurückgehend, behaupte sich schon über 3500 Jahre und sei gegenwärtig dabei, sich zur unbestrittenen Weltkultur auszuweiten, so daß ihr Untergang dem Ende der Menschheit gleichkäme – eine bestreitbare These. Diskussionswürdig scheint mir sein Konzept, daß der über viele Generationen verlaufende Bildungsprozeß bis zu kulturellen Höchstleistungen hin nicht über schriftliche Aufzeichnungen, sondern zunächst über »die gesprochene und gehörte Sprache« gelaufen sei; daß den Ausgangspunkt für die frühe griechische Sprachentwicklung der Heroenkult gebildet habe, »ursprünglich ein Totenkult, der in einer Fülle von Heldenerzählungen eine lebendige Erinnerung an die verstorbenen Großen des Volkes wachhielt«. Eben dieser Totenkult, eine Form, ihre Angst vor dem Jenseits abzuwehren, habe die Menschen der vorchristlichen Jahrtausende in für uns unvorstellbarer Weise besetzt gehalten und auch zu jenen architektonischen Monumenten der vorderasiatischen und ägyptischen Kultur geführt, steinernen Denkmalen für einzelne Heroen, welche Arbeitskraft und Energie ganzer Völker banden; den zerrissenen, verhältnismäßig armen kleinen frühgriechischen Stämmen waren solche Leistungen nicht erreichbar, daher ihre geniale Notlösung, an die Stelle der steinernen Monumente Festspiele für die toten Heroen zu setzen, nicht nur um ihre körperlichen Kräfte zu messen, sondern auch, um sich, im nachgestalteten Heldenepos auf dem Theater, das so zu einer Art »Wechselrahmen« wurde, mit der Lebensgeschichte des Heros zu identifizieren. So sei der Heroenkult, das Wissen über die Heroen, zum Allgemeingut geworden. So sei das griechische Theater, eine der Wurzeln der europäischen Kultur, entstanden. So sei das Unglaubliche Wirklichkeit geworden: Die in den aufwendigen, aber in geistiger Hinsicht sterilen Totenpalästen »für alle Zeiten« eingeschlossenen orientalischen Potentaten seien vergessen worden. Das gesprochene Wort aber von den griechischen Heroen sei lebendig geblieben und habe die, von denen es berichtete, in unserer Erinnerung wachgehalten bis auf den heutigen Tag.

Der heutigen Nekrophilie, die sich in Stahl, Glas, Beton manifestiert (die, übrigens, vor dem Theater natürlich nicht haltmacht), etwas entgegensetzen wie »das lebendige Wort«? Das subversiv, unbekümmert, »eindringlich« im Wortsinn sein müßte und nicht danach fragen dürfte, ob es sein Ziel erreicht – ja, das nicht einmal ein »Ziel« haben dürfte, und vielleicht so aus der einzigartigen Lage zeitgenössischer Autoren, die Max Frisch beschreibt: daß sie mit keiner Nachwelt mehr rechnen, eben jene einzig mögliche Folgerung zieht, die wieder Nachwelt, vielleicht sogar Zukunft schaffen hülfe. Heroengeschichten würde es nicht mehr liefern, auch Anti-Heroengeschichten nicht. Es würde eher unauffällig sein und Unauffälliges zu benennen suchen, den kostbaren Alltag, konkret. Für den Zorn des Achill, für den Konflikt des Hamlet, für die falschen Alternativen des Faust würde es vielleicht ein Lächeln haben. Es hätte sich in jedem Sinn »von unten« an sein Material heranzuarbeiten, das, wenn man es durch ein anderes Raster ansähe als bisher, doch noch bisher unerkannte Möglichkeiten offenbaren mag.

Vierte Vorlesung
Ein Brief über Eindeutigkeit und Mehrdeutigkeit, Bestimmtheit und Unbestimmtheit; über sehr alte Zustände und neue Seh-Raster; über Objektivität

> Denn die Tatsachen, die die Welt ausmachen – sie brauchen das Nichttatsächliche, um von ihm aus erkannt zu werden.
>
> Ingeborg Bachmann, »Der Fall Franza«

Liebe A., wenn ich endlich, wie immer gegen Ende des Winters von Berlin nach Mecklenburg überwechselnd, meine Koffer ausgepackt, die Büchersäcke in jenem Arbeitsraum, der mir der liebste ist, ausgeschüttet habe – ein Raum, in dem es nach Holz riecht; von dessen einem, »Ochsenauge« genannten Fenster ich auf unseren Grashof, die selbstgesteckten Weiden am Teichufer, auf den Teich, auf Nachbar O.'s Misthaufen und Stallwand blicke, auf Ediths Wäsche (sie hat Haushaltstag), auf meine zwei Eichen, ineinandergeflochten, kahl und vielversprechend, und auf die Dorfhäuser, die später im Jahr durch das Laub dieser Eichen verdeckt sein werden; von dessen anderem Ochsenauge, vor dem, auf einem Holzpodest, mein Schreibtisch steht, ich jenen Ausblick habe, den ich in der Stunde meines Todes vor Augen sehen möchte: die große Wiese, noch fahl, mitten darauf der mächtige Kirschbaum, vorfrühlingshaft, durchsichtig, umgeben von kleineren Apfelbäumen, Brombeergesträuch; P.'s rotes Büdnerhaus, dicht am Weiher, der sich beinah ganz hinter einer Bodenwelle verbirgt; und dann, weithin, bis zum niedrigen Horizont, flachwellig, Acker, Weide, Baumgruppen: dann fühle ich meine Erwartungen ansteigen. Von den Farben fange ich gar nicht erst zu reden an, auch von den Himmeln nicht – denn es obliegt mir noch, Dir am Ende des Satzes, der mit den ausgeschütteten Büchern begann, ein paar der Titel aufzuzählen, die, gut lesbar, auf dem Bücherberg obenauf oder, halb verdeckt, weiter unten liegen: »Am Anfang war die Frau«. »Mütter und Amazonen«. »Göttinnen«. »Das Patriarchat«. »Amazonen, Kriegerinnen und Kraftfrauen«. »Frauen – das verrückte Geschlecht?« »Frauen in der Kunst«. »Götterzeichen, Liebeszauber, Satanskult«. »Männerphantasien«. »Weibliche Utopien – männliche Verluste«. »Weib und Macht«. »Das Geschlecht, das nicht eins ist«. »Das Geheimnis der Orakel«. »Utopische Vergangenheit«. »Außenseiter«. »Kulturgeschichtliche Spuren einer verdrängten Weiblichkeit«. »Mutterrecht«. »Ursprung der Familie, des Privateigentums und des Staates«. »Die wilden Früchte der Frau«. »Die weiße Göttin«. »Die imaginierte Weiblichkeit«. »Ein Zimmer für mich allein«. »Weiblichkeit in der Schrift«. Und doch gäbe Dir die Aufzählung, selbst wenn ich sie weiterführte, nicht den rechten Begriff von der merkwürdigen Mischung, aus der meine Lektüre seit einem Jahr besteht, denn die archäologischen, frühgeschichtlichen, klassischen Autoren stecken noch in einem andern Koffer.

Es fing harmlos an, nämlich mit einer Frage, die ich mir stellen mußte: Wer war Kassandra, ehe irgendeiner über sie schrieb? Und es hat, vorerst und unter anderem, dazu geführt, daß ich ein Gedicht der Bachmann, das ich seit langem kenne und liebe, eben jetzt, nicht zufällig, während ich den Rasen harke, Beete saubermache, die Hecke im Vorgarten schneide, auf einmal auch zu verstehen glaube: Erklär mir, Liebe. Damit Du nicht suchen mußt: Es steht im ersten Band der Gesamtausgabe auf Seite hundertneun. Die vorletzte Strophe, wahrscheinlich kennst Du sie auswendig wie ich.

> Erklär mir, Liebe, was ich nicht erklären kann:
> sollt ich die kurze schauerliche Zeit
> nur mit Gedanken Umgang haben und allein
> nichts Liebes kennen und nichts Liebes tun?
> Muß einer denken? Wird er nicht vermißt?

Vermißt – von wem? Vermißt – wobei? Bei diesen einfachen Tätigkeiten vielleicht, Holz hereintragen, Wäsche aufhängen, Heringe braten, die mir nur hier Spaß machen? Die der Denkende zu meiden pflegt; die daher sein Denken nicht beeinflussen, nicht wenigstens färben können, denn sein Beruf ist Denken, von alters her. Nicht Anfassen. Nicht Tun. Das gehört ja zur Bestimmung des freien Polis-Bürgers – einer Minderheit im Staate, von der der Philosoph wiederum sich abspaltet: daß er nicht mit den Händen arbeitet. Wohl aber Zeit findet, den

Rhapsoden zu lauschen, die, einander ablösend, unter anderm ein gewisses Epos eines gewissen Homer psalmodieren, das zwar vor allem den Zorn eines Heroen namens Achill besingt und den mörderischen Kampf zahlreicher andrer Vorzeit-Helden; in dem doch aber auch Namen von Frauen vorkommen, als Verführerinnen, als Gattinnen, Mütter (also natürlich in bezug zum Mann), und eben auch der Name einer Unglücksprophetin, Kassandra. Anfangend mit jenem frühen Denkenden, sich Bildenden, Dichtenden, seh ich durch die zweieinhalb Jahrtausende, da die Schrift uns ihre Namen überliefert hat, die beeindrukkende Galerie denkender Männerköpfe. »Muß einer denken« soll vielleicht heißen: Muß einer – oder eine? – *so* denken? So – ausschließend? Die Liebe, das Liebe ausschließend: . . . »nur mit Gedanken Umgang haben und allein / nichts Liebes kennen und nichts Liebes tun . . .« Erklär mir, Liebe: Wie liest Du das? Wen redet sie an? Die Liebe – personifiziertes Abstraktum – oder eine Frau, die sie »Liebe« nennt? Spricht sie als Frau, spricht sie als Mann? »Du sagst, es zählt ein andrer Geist auf ihn . . .« Ist es der Geliebte, mit dessen Gedanken allein das Ich des Gedichts »Umgang haben sollt« – weshalb es »nichts Liebes kennen« kann, »nichts Liebes tun«, ihn, den Denkenden, also vermißt? Ist sie es selbst, die, so denkend, sich vermissen muß und vermißt wird?

Ebenso vieldeutig ist das Du des Gedichts. »Dein Hut lüftet sich leis, grüßt, schwebt im Wind, / dein unbedeckter Kopf hat's Wolken angetan, / dein Herz hat anderswo zu tun, / dein Mund verleibt sich neue Sprachen ein«: Wen redet sie an? Als »Du« sich selbst? Die, die sie später »Liebe« nennt? (Falls es eine »Die« ist . . .) Geht es Dir auch so? Je tiefer ich mich in das Gedicht hinablasse, auf seinen Grund, den ich aber nicht unter den Füßen spüre, je stärker nimmt mich selbst die Irritation gefangen, von der es zeugt und die aufzulösen es nicht unternimmt, in einander stützenden, einander höher treibenden und übersteigenden Bildern Liebesspiele in der Natur beschreibend (»Der Pfau, in feierlichem Staunen, schlägt sein Rad«), Wasser, Welle, Stein sogar zu Zeugen rufend (»Die Welle nimmt die Welle an der Hand«, . . . »Ein Stein weiß einen andern zu erweichen!«), um abzusinken auf den eignen Mangel, den eignen unersetzlichen

Verlust. »Sollt ich die kurze schauerliche Zeit . . .« – Was denkst Du bei dem Worte »schauerlich«? Mißbraucht werden von dem, von denen, die man am meisten liebt. Nicht ich, nicht du sein dürfen, sondern »es«: Objekt fremder Zwecke. Nur mit Gedanken Umgang haben, die zweckgerichtet sind, nicht mit dem, der (an mich nicht) denkt. Du sagst, es zählt ein andrer Geist auf ihn . . . Der Geist der Liebe sicher nicht. Der Geist, der zählt und mißt und wertet und nach Verdiensten lohnt und straft.

Erklär mir nichts. Ich seh den Salamander
durch jedes Feuer gehen.
Kein Schauer jagt ihn, und es schmerzt ihn nichts.

Dies, scheint mir, will das Ich und das Du des Gedichts, die ich mir gern zusammen denke, als Preis für Unversehrbarkeit nicht zahlen: fühllos sein. Der denkt, gedacht hat, Hunderte von Jahren, um sich abzuhärten: Er wird nun vermißt. Die Brüderlichkeit, Natürlichkeit, Arglosigkeit, die er sich weggedacht, sie fehlen ihm nun doch. Merkt er noch, gestählt und gepanzert, wie er ist, ob es Feuer oder Kälte sind, durch die er geht? Er wird Instrumente mit sich führen, die Temperatur zu messen, denn was ihn umgibt, muß eindeutig sein. Dies bedenkend, bedauernd, beklagend auch, gibt das Gedicht selbst ein Beispiel von genauester Unbestimmtheit, klarster Vieldeutigkeit. So und nicht anders, sagt es, und zugleich – was logisch nicht zu denken ist –: So. Anders. Du bist ich, ich bin er, es ist nicht zu erklären. Grammatik der vielfachen gleichzeitigen Bezüge.

Erklär mir, Liebe

Dein Hut lüftet sich leis, grüßt, schwebt im Wind,
dein unbedeckter Kopf hat's Wolken angetan,
dein Herz hat anderswo zu tun,
dein Mund verleibt sich neue Sprachen ein,
das Zittergras im Land nimmt überhand,
Sternblumen bläst der Sommer an und aus,
von Flocken blind erhebst du dein Gesicht,
du lachst und weinst und gehst an dir zugrund,
was soll dir noch geschehen –

Erklär mir, Liebe!

Der Pfau, in feierlichem Staunen, schlägt sein Rad,
die Taube stellt den Federkragen hoch,
vom Gurren überfüllt, dehnt sich die Luft,
der Entrich schreit, vom wilden Honig nimmt
das ganze Land, auch im gesetzten Park
hat jedes Beet ein goldner Staub umsäumt.

Der Fisch errötet, überholt den Schwarm
und stürzt durch Grotten ins Korallenbett.
Zur Silbersandmusik tanzt scheu der Skorpion.
Der Käfer riecht die Herrlichste von weit;
hätt ich nur seinen Sinn, ich fühlte auch
daß Flügel unter ihrem Panzer schimmern,
und nähm den Weg zum fernen Erdbeerstrauch!

Erklär mir, Liebe!

Wasser weiß zu reden,
die Welle nimmt die Welle an der Hand,
im Weinberg schwillt die Traube, springt und fällt.
So arglos tritt die Schnecke aus dem Haus!
Ein Stein weiß einen andern zu erweichen!

Erklär mir, Liebe, was ich nicht erklären kann:
sollt ich die kurze schauerliche Zeit
nur mit Gedanken Umgang haben und allein
nichts Liebes kennen und nichts Liebes tun?
Muß einer denken? Wird er nicht vermißt?

Du sagst: es zählt ein andrer Geist auf ihn . . .
Erklär mir nichts. Ich seh den Salamander
durch jedes Feuer gehen.
Kein Schauer jagt ihn, und es schmerzt ihn nichts.

Liebe A., es ist verhext: Seit ich begonnen habe – den Namen
»Kassandra« vor mir hertragend als eine Art Legitimations- und

Losungswort – mich auf jene Bereiche einzulassen, in die er mich führt, scheint alles, was mir sonst begegnet, »damit« zusammenzuhängen, bisher Getrenntes hat sich hinter meinem Rücken zusammengeschlossen, in vorher dunkle, unbewußte Räume fällt ein wenig Licht, darunter, davor (Orts- und Zeitbestimmungen fließen zusammen) sind, im Dämmer, weitere Räume zu ahnen, die Zeit, die uns bewußt ist, nur ein hauchschmaler heller Streif auf einem ungeheuren, größtenteils finsteren Körper. Mit der Erweiterung des Blick-Winkels, der Neueinstellung der Tiefenschärfe hat mein Seh-Raster, durch den ich unsere Zeit, uns alle, dich, mich selber wahrnehme, sich entschieden verändert, vergleichbar jener frühen entschiedenen Veränderung, die mein Denken, meine Sicht und mein Selbst-Gefühl und Selbst-Anspruch vor mehr als dreißig Jahren durch die erste befreiende und erhellende Bekanntschaft mit der marxistischen Theorie und Sehweise erfuhren. Wenn ich mir klarzumachen suche, was da geschieht und geschah, so ist es, auf den allgemeinsten Nenner gebracht, eine Erweiterung dessen, was für mich »wirklich« ist; aber auch das Wesen, die innere Struktur, die Bewegung dieser Wirklichkeit hat sich verändert und verändert sich beinahe täglich weiter, es ist nicht zu beschreiben, mein waches Berufsinteresse, das auf Beschreibung gerade zielt, muß sich zurückhalten, zurückziehen und hat lernen müssen, seine Niederlage selbst zu wünschen, selbst herbeizuführen. (Freude aus Verunsicherung ziehn – wer hat uns das denn beigebracht!) Er verstehe mich nicht, sagte mir ein kluger und gebildeter Dichter; warum wolle ich die Autorität der literarischen Gattungen nicht mehr gelten lassen? Die seien doch nun wirklich objektiver Ausdruck jener Gesetzmäßigkeiten – in jahrhundertelanger Arbeit herausgefiltert –, die in der Kunst gelten und an denen wir die Kunst erkennen und messen können. – Vor Verblüffung konnte ich ihm nicht antworten.

Ich nahm mir den Aristoteles vor. »Der nachahmend gestaltende Künstler stellt handelnde Menschen dar. Diese Menschen sind notwendig entweder gut oder schlecht.« Dies entspricht etwa, dachte ich überrascht, den Kriterien, die unsere meisten Zeitungsrezensenten auch heute noch an Bücher legen. Schnell ließ ich – und ich bitte Dich, das auch zu tun – meine Angehörigen,

Freunde, Bekannten und Feinde, auch mich selbst, der Probe »gut« oder »schlecht« mich unterwerfend, vor meinem inneren Auge Revue passieren. Nach dem Maßstab des Aristoteles waren keine passenden Modelle für den nachahmend gestaltenden Künstler unter ihnen. Aber dieser weiß sich zu behelfen: »Homer zum Beispiel zeichnet die Menschen mit höheren Qualitäten als die Durchschnittsmenschen.« (Während die »Komödie Menschen darstellt, die minderwertiger sind«.) Ja, dachte ich, Homer. Und verkneife es mir nun nicht, Dir die Stelle zu zitieren, die ich mir im fünfzehnten Gesang angestrichen habe. Homer, mit Recht, mit großem Recht gerühmt wegen seiner Bilder und Vergleiche, schildert den Flug der Hera, der Gattin des Zeus, den sie auf dessen Geheiß zu den andern olympischen Göttern unternimmt, in folgender Weise:

Wie der Gedanke des Mannes umherfliegt, der, da er viele
Länder bereits durchging, im sinnenden Herzen erwäget,
dorthin möcht ich und dort, und mancherlei Pfade beschließet

also durchflog hineilend den Weg die Herrscherin Here.
Der Sachverhalt – also der Mythos –, Hera betreffend, ist ja aber der folgende (ich bitte Dich, die vielleicht längere Abschweifung vom Aristoteles, die jetzt folgen wird, in Kauf zu nehmen): Wie die anderen Göttinnen, welche die Griechen schon zu Homers Zeiten, also im 8. vorchristlichen Jahrhundert, als sie die Schrift von den Phöniziern (wieder) übernahmen, in ihren partriarchalisch strukturierten Pantheon aufgenommen haben, wie also Artemis, Aphrodite, Athene, hat auch Hera, die Gattin des Zeus, eine lange, nur matriarchalisch deutbare Vorgeschichte, die, wie ich glaube, auch in dem abstrus scheinenden Hexeneinmaleins von Goethes »Faust« noch durchschimmert:

Du mußt verstehn!
Aus Eins mach Zehn,
Und Zwei laß gehn,
Und Drei mach gleich,
So bist du reich . . .

Denn Goethe, für den – wie für alle seine Zeitgenossen – die Geschichte da begann, wo die Griechen sie willkürlich angesetzt hatten, im Jahr der ersten Olympiade, 776 vor unserer Zeitrech-

nung: Goethe wußte von der Dreigestaltigkeit der alten Mutter-
göttinnen (der ersten Dreifaltigkeit überhaupt, von der alle
späteren abgeleitet sind), in der »drei« »gleich« war, indem die
eine Göttin, entsprechend der Dreistöckigkeit der Welt, in drei
Erscheinungen auftrat: als helles, jugendliches, jagendes Mädchen der Lüfte (Artemis), als die Frauengöttin in der Mitte,
Fruchtbarkeit spendend, über Land und Meer herrschend, eine
erotische Gottheit (Demeter, Aphrodite, Hera, welche früher
Era = Erde hieß, deren andere Namen Gaia und Rhea sind: die
Große Erdmutter Kretas und des Vorderen Orients); und
schließlich als Greisin, die in der Unterwelt wohnt, die Todes-
göttin, die zugleich Wiedergeburt bewirkt (Io, die kretische
Kuh-Göttin, ein Aspekt der Hera, und natürlich Hekate-Heku-
ba). Ihre Farben sind Rot, Weiß, Schwarz, entsprechend den
Phasen des Mondes, der ihr Symbol ist, dessen Göttin sie sind
(merkst Du, wie man sich überwinden muß, wenn man von den
vielen als von einer sprechen muß? Die Prägung unserer Gehirn-
windungen, unser lineares Sprechen widerstehn dem Hexeneinmaleins). Und nun lies in Faust II nach, jene Stelle in der
klassischen Walpurgisnacht, da Anaxagoras und Thales die
Kräfte diskutieren, die die Welt im Innersten zusammenhalten,
da Anaxagoras, der Katastrophentheorie anhangend, einen Berg
entstehen läßt, bewohnt von Zwergenvolk, das sofort durch
eignen Frevel und Rache in Bedrängnis gerät, so daß der Philosoph »nach einer Pause feierlich« sich genötigt sieht, »sich in
diesem Fall nach oben« zu wenden.

> Du! droben ewig Unveraltete,
> Dreinamig-Dreigestaltete,
> Dich ruf ich an bei meines Volkes Weh,
> Diana, Luna, Hekate!
> Du Brusterweiternde, im Tiefsten Sinnige,
> Du Ruhigscheinende, Gewaltsam-innige,
> Eröffne deiner Schatten grausen Schlund,
> Die alte Macht sei ohne Zauber kund!

Diana ist die römische Form der griechischen Artemis, des
jagenden Mädchens, Luna entspricht der griechischen Selene,
der Mondgöttin, deren andere Aspekte Artemis und Hekate
waren, und die in einem merkwürdig schillernden Identitätsver-

hältnis zur mythischen (nicht literarischen!) Kassandra gestanden haben soll: indem das Zwillingsgeschwisterpaar Helenos-Kassandra ursprünglich eins, nämlich die argivische Mondgöttin Selene, gewesen seien, die zur troischen Helena und der griechischen Helena verschmolzen wurde; so daß, als Schwester des Paris und »unterscheidende Gräzisierung der troischen Helena«, Kassandra übrigblieb: schön (wie Helena), mit der Sehergabe bedacht wie die griechische Helena und der troische Helenos – ein Sehertum übrigens, das einst in enger Beziehung zur Mondgottheit stand und nicht im Dienst des Licht- und Sonnengotts Apoll, der weit jünger ist als Hekabe, Selene, Helena, Helenos, Kassandra und schon zu den mythologischen Reflexen jener patriarchalischen Umwertung der Werte gehört, zu denen auch, eben im Bereich der Kunstgesetzgebung, die Poetik des Aristoteles zählt. Die nun gerade hatten Goethes Vorläufer und er selbst, der junge Bürger, mitsamt dem französisch-aristokratischen Regelkram außer Kraft gesetzt, ohne daß sie doch, soviel ich weiß, je gegen jene Stelle aus dem fünfzehnten Kapitel, Überschrift: Die Charaktere, polemisiert hätten, in der Aristoteles die Dichter zu beachten bittet, daß ihre Charaktere »sittliche Tüchtigkeit« besitzen. Er fährt fort: »Auch das Weib und sogar der Sklave können sittlich tüchtig sein, obgleich im allgemeinen das Weib ein geringeres Wesen als der Mann und der Sklave meistens geringwertig ist.« Weshalb es folgerichtig war, daß niemals Frauen, nicht einmal als Schauspielerinnen, der griechischen Tragödie beiwohnten. Iphigenie, Antigone, Klytaimnestra, Elektra, Medea, Hekate, die Troerinnen, alles Männer in Weibertracht, auf Kothurnen, zartgliedrig sicherlich, hübsch, womöglich homoerotisch – aber Männer. Dieses ganze erdhaft-fruchtbare Gewese und Gewebe, dieses schwer zu bändigende Ineinanderübergehn, sich Ineinanderverwandeln, dieses schwer namhaft zu Machende, kaum zu ordnende und zu zählende Frauen-, Mütter- und Göttinnengewimmel hatte man nach offenbar langen schweren Jahrhunderten, die man »die dunklen« nennt und die man vergaß, in die Hand bekommen, zusammen mit dem männlichen Erbrecht und mit dem Privatbesitz. Wovon man sich bedroht fühlt, lesen wir noch aus den Verboten. Aristoteles: »Gut ist zum Beispiel der Charakter, wenn ein Mann

Tapferkeit besitzt; für ein Weib ist es indessen im allgemeinen nicht angemessen, daß sie tapfer und mannhaft sei oder sogar furchterregend.« Furchterregend? Ja wem denn – dem Mann? Der ihr jede Bildung, jede öffentliche Tätigkeit, selbstverständlich das Stimmrecht entzogen hat? Eben deshalb. Aus eigener Erfahrung wissen wir: Was man ausschließt und verbannt, hat man zu fürchten. So auch Goethes Anaxagoras, der, Du erinnerst Dich, leichtfertig die Mondgöttin angerufen hat und entsetzt erfahren muß: Sie kommt!

> Und größer, immer größer nahet schon
> Der Göttin rundumschriebener Thron,
> Dem Auge furchtbar, ungeheuer!
> Ins Düstre rötet sich sein Feuer . . .
> Nicht näher! drohend-mächtige Runde,
> Du richtest uns und Land und Meer zugrunde!

Ein Fels ist aus dem Mond gefallen und hat das Zwergengeschlecht zerquetscht. Und sollte doch ein Exempel sein für das Kundtun der »alten Macht« »ohne Zauber«: ein Vorgriff sicherlich auf die bedeutsame, schmerzliche Erkenntnis des alten Faust, die er angesichts der gespenstischen Nähe der »vier grauen Weiber« (Mangel, Schuld, Sorge, Not) ausspricht (wären es drei, die Analogie zu den drei Moiren, Parzen, Nornen, Schicksalsweberinnen wäre vollkommen):

> Könnt ich Magie von meinem Pfad entfernen,
> Die Zaubersprüche ganz und gar verlernen,
> Stünd ich, Natur! vor dir ein Mann allein,
> Dann wär's der Mühe wert, ein Mensch zu sein.

Magie aber war einst die Kunst ausschließlich der Weiber (die, in die Lieb-losigkeit getrieben, nicht ohne Grund zu »Zaubersprüchen« zurückkehren): der Stammesältesten in den frühen Akkerbaugesellschaften, der Priesterinnen dann für lange, denen die ersten Priester das Ritual nur abspenstig machen konnten, indem sie sich in die magischen Frauengewänder hineindrängten. Dies mit empörter Stimme zu vermerken, erschiene mir komisch, denn bei Magie und Zauberwesen hat es doch nicht bleiben können. Ob es aber dahin hat kommen müssen, daß nun wirklich der Mann, »allein«, vor der Natur steht – ihr gegenüber, nicht in ihr –, das frag ich mich und dich.

Kürzlich, als ich in einer Runde jüngerer Naturwissenschaftler nicht nur die Neuzeit-Problematik ihrer Wissenschaft, auch die Geschichte der Frau im Abendland diskutierte, erklärte einer der jungen Männer – offensichtlich entschlossen, endlich Klartext zu reden –: Man solle aufhören, das Los der Frau in der Vergangenheit zu beklagen. Daß sie sich dem Manne unterordnete, ihn umsorgte, ihm diente – genau das war die Bedingung dafür, daß der Mann sich auf die Wissenschaft, oder auch auf die Kunst, konzentrieren und in beiden Gebieten Höchstleistungen vollbringen konnte. Anders war und ist der Fortschritt nicht zu haben, alles andre sei sentimentales Geschwätz. – Ein Gemurmel erhob sich im Raum. Ich fand, der Mann hatte recht. Die Art Fortschritt in Kunst und Wissenschaft, an die wir uns gewöhnt haben: ausgefallene Spitzenleistungen, ist nur so zu haben. Ist nur durch Ent-Persönlichung zu haben. Die Diskussionsteilnehmer hatten gerade meinen Vorschlag für unrealistisch erklärt, für die exakten Wissenschaften eine Art hippokratischen Eid einzuführen, der es jedem Wissenschaftler verbieten würde, an Forschungen mitzuwirken, die militärischen Zwecken dienten. Wenn nicht hier, dann anderswo würden diese Eide sowieso gebrochen, hielt man mir entgegen. Für Forschung dürfe es keine Tabus geben. Der Preis für die Art Fortschritt, die die Institution Wissenschaft seit längerem hervorbringe, sagte ich, sei mir allmählich zu hoch. – Später hörte ich, einige der Teilnehmer an der Diskussion hätten mir eine Tendenz zur Wissenschaftsfeindlichkeit angemerkt. Ein absurdes Mißverständnis! dachte ich im ersten Moment, dann hielt ich inne: Einer Wissenschaft, die sich so weit von dem Erkenntnishunger entfernt hat, aus dem sie kommt und mit dem ich sie doch insgeheim noch immer identifiziere – konnte ich der denn »freundlich« gesinnt sein? – Ich glaube, wir müssen aufhören, die Etiketten ernst zu nehmen, die sie uns anheften.

Wo waren wir stehengeblieben? Bei Weibermagie, bei Goethe, bei der Frage, was heute »Fortschritt« wäre. Beim Gang zu den »Müttern«. Bei der schönen Helena, nach der es Faust unsäglich verlangt, und die ihm Mephisto nicht, wie alles, wonach ihm bisher gelüstete, mit »Hexen-Fexen«, mit »Gespenst-Gespinsten« herbeischaffen kann. »Doch gibt's ein Mittel.«

Faust: Sprich, und ohne Säumnis!
Mephisto: Ungern entdeck ich höheres Geheimnis. –
             Göttinnen thronen hehr in Einsamkeit,
             Um sie kein Ort, noch weniger eine Zeit;
             Von ihnen sprechen ist Verlegenheit.
             Die *Mütter* sind es!
Faust: (*aufgeschreckt*): Mütter!
Mephisto: Schaudert's dich?
Faust: Die Mütter! Mütter! – 's klingt so wunderlich!
Mephisto: Das ist es auch. Göttinnen, ungekannt
             Euch Sterblichen, von uns nicht gern genannt.
             Nach ihrer Wohnung magst ins Tiefste schürfen;
             Du selbst bist schuld, daß ihrer wir bedürfen.

Nach einem Versuch, die unbeschreibliche Leere zu beschreiben, das Nichts, durch das Faust hindurch muß (in dem er »das
All zu finden« hofft), wird ihm ein Schlüssel ausgehändigt: Folg
ihm hinab! er führt dich zu den Müttern!

Faust (*schaudernd*):
             Den Müttern! Trifft's mich immer wie ein Schlag!
             Was ist das Wort, das ich nicht hören mag?

Mephisto ist dazu da, dies Erschauern zu banalisieren – ein
Erschauern, das Goethe nach eignem Eingeständnis an dieser
Stelle und bei diesem Wort empfunden hat und zu dem Faust sich
bekennt:

             Doch im Erstarren such ich nicht mein Heil,
             Das Schaudern ist der Menschheit bestes Teil;
             Wie auch die Welt ihm das Gefühl verteure,
             Ergriffen, fühlt er tief das Ungeheure.

Nicht genug staunen kann man, daß ein zum Alltagswort längst
herabgezwungenes wie dieses – Mütter! – immer noch nicht seine
Strahlung abgegeben, daß es immer noch ein mythisches, »unge-
heures« Element mit sich führt, ein rational kaum erfaßbares,
denn man *weiß* zur Goethezeit eigentlich nichts über seinen
Hintergrund; man weiß nichts von Ausgrabungsfunden, Feld-
forschung, von den Zeit-Schichtungen der griechischen Mythologie, von ihren lokalen Ausprägungen. Man *weiß* nur von einem
Göttergeschlecht, ausgehend von Uranos, der alle Söhne, die

ihm die Urmutter Gaia gebar, im Schoß der Erde verbarg, damit sie ihm nicht zu Rivalen auf dem Thron werden konnten; von der Entmannung des Vaters durch seinen und Gaias Sohn Kronos, auf Gaias Anstiftung hin. Von der Verbindung zwischen Kronos und Rhea – einer Geschwisterehe, denn beide waren sie Kinder der Gaia, und das Inzesttabu ist erst viel später erfunden worden; von des Kronos Angst um die Macht, die ihn seine Söhne, auch Zeus, verschlingen ließ, »zu Rheas unsäglicher Trauer« (Hesiod). Um Zeus zu retten, der dazu bestimmt ist, der Vater der Menschen zu werden, gibt Gaia ihrem Sohn Kronos einen in eine Windel gewickelten Stein statt des Neugeborenen zu essen, woraufhin er mit dem Stein alle verschlungenen Kinder wieder herauswürgt: Keine Idylle, sicherlich; doch da der Gedanke, der Mythos könne reale Kämpfe spiegeln, Goethes Zeitgenossen fernlag; da sie nichts wissen konnten von der Funktion des Heros in matriarchalischen Gesellschaften, der sich einmal in Jahr mit der Stammesmutter, der Priesterin, der Königin in einer »heiligen Hochzeit« zu verbinden hatte, um dann in feierlichem Zeremoniell geopfert zu werden – ein Vorgang, der, wie die Entmannung des Uranos, sehr wohl männliche Angst vor Weiberritualen begründen konnte –; da unsere deutsche Klassik in der griechischen in historisch begreifbarer, ja notwendiger Selbsttäuschung ein Beispiel geglückter Bindung des einzelnen (Mannes) in das Gemeinwesen sah (»Sie sind, was wir waren; sie sind, was wir wieder werden sollen«, Schiller): da alles dies einer Harmonisierung der griechischen Verhältnisse entgegenkam – woher dann, wenn nicht aus der eignen Erfahrung, dieser Angst-Reflex vor den »Müttern«, der sich auch in der Medea-, der Amazonen-Überlieferung spiegelt und der die »Penthesilea« des Kleist dem Goethe besonders verhaßt machte . . .

Schauder ist zusammengesetzt aus Ehrfurcht und Furcht. Den Heutigen, denke ich oft, ist nur die Furcht geblieben.

Ich muß Dich bitten, nicht ungeduldig zu werden. Nicht, daß ich aus den Augen verloren hätte, wonach ich eigentlich frage: Wer war Kassandra, ehe man von ihr schrieb? (Da sie aber ein Geschöpf der Dichter ist; da sie nur durch sie spricht, nur in ihrer Sicht auf uns gekommen ist . . . Auch eine der Fährten, die ich verfolge, bis eine andre von ihr abzweigt, der ich nachgehn muß, bis die nächste mich zwingt, die zweite fahrenzulassen.) Gern würde ich Dir das Gefühl vermitteln, das mich in diesen Zustand der Ruhelosigkeit versetzt, den dieser Brief wohl spiegelt: daß im Grunde, vom Grunde her alles mit allem zusammenhängt; und daß das strikte einwegbesessene Vorgehn, das Herauspräparieren eines »Stranges« zu Erzähl- und Untersuchungszwecken das ganze Gewebe und auch diesen »Strang« beschädigt. Aber eben diesen Weg ist doch, vereinfacht gesagt, das abendländische Denken gegangen, den Weg der Sonderung, der Analyse, des Verzichts auf die Mannigfaltigkeit der Erscheinungen zugunsten des Dualismus, des Monismus, zugunsten der Geschlossenheit von Weltbildern und Systemen; des Verzichts auf Subjektivität zugunsten gesicherter »Objektivität«.

Dazu, *auch* dazu hat die deutsche Klassik die »Alten« gebraucht: Die »objektiven« ästhetischen Normen, die Goethe, noch nicht vierzigjährig, aus seiner Anschauung der Kopien griechischer Kunstwerke oder ihrer Originale in Italien entwickelt, sind ja doch auch Zeichen seines Scheiterns im öffentlichen, großherzoglich-weimarischen Leben: »Auf dieser Reise, hoffe ich, will ich mein Gemüt über die schönen Künste beruhigen, ihr heilig Bild mir recht in die Seele prägen und zum stillen Genuß bewahren. Dann aber mich zu den Handwerkern wenden, und wenn ich zurückkomme, Chemie und Mechanik studieren. Denn die Zeit des Schönen ist vorüber, nur die Not und das strenge Bedürfnis erfordern unsere Tage.« Für mich spricht es nicht gegen seine Lehre von den Kunstformen, daß ein subjektiver Anteil, Goethes neues Lebenskonzept der Entsagung in politischen, teilweise auch in menschlichen Dingen, als Bedürfnis nach Gewißheit, Beständigkeit, Geschlossenheit und Sicherheit in sie eingegangen ist, eine Sehnsucht nach unverrückbaren »wahren« Gesetzen und ihrer Erfüllung: »Diese hohen Kunstwerke sind zugleich als die höchsten Naturwerke von Menschen nach wahren und natürlichen Gesetzen hervorgebracht worden. Alles Willkürliche, Eingebildete fällt zusammen, da ist Notwendigkeit, da ist Gott.« Da ist, noch in der Darstellung des Gräßlichen, Mäßigung, Beherrschtheit, Formenstrenge. Schiller hat ja eine »Kassandra« geschrieben, ein Gedicht, das so anhebt:

Freude war in Trojas Hallen,
Eh die hohe Feste fiel,
Jubelhymnen hört man schallen
In der Saiten goldnes Spiel.
Alle Hände ruhen müde
Von dem tränenvollen Streit,
Weil der herrliche Pelide
Priams schöne Tochter freit.

Dies ist eine Situation nicht aus der »Ilias«, sondern aus anderen Überlieferungen: Der Griechenheld Achill, ein Wüstling eigentlich, hat sich in Kassandras Schwester Polyxena verliebt, diese hat ihm das Geheimnis seiner Verwundbarkeit an der Ferse entlockt, außerdem das Versprechen, die Belagerung Troias zu beenden, wenn sie in die Ehe mit ihm willigt. Dieses Abkommen durch ein Opfer zu bekräftigen, kommt er, barfuß und unbewaffnet in den Tempel des thymbrischen Apoll – dessen Priesterin Kassandra ja ist –, wo Paris seine Ferse mit einem vergifteten Pfeil durchbohrt. Von Hochzeit im eigentlichen Sinn ist also nicht die Rede, und das böse Ende dieses Tages vorauszusagen, brauchte es keine Seherin, da es ja geplant ist; Schiller verändert die Voraussetzungen, um Kassandra in Gegensatz zu bringen zu der allgemeinen Stimmung:

Freudlos in der Freuden Fülle,
Ungesellig und allein,
Wandelte Kassandra stille
In Apollos Lorbeerhain.

In sanft und gleichmäßig dahinfließenden Strophen erscheint eine Kassandra, die ihr Seherinnen-Los beklagt, eine Figur aus dem Zeitalter der Empfindsamkeit, die lieber gut bürgerlich verheiratet wäre, als andauernd unter der Last ihrer Gesichte stöhnen zu müssen:

Und sie schelten meine Klagen,
Und sie höhnen meinen Schmerz,
Einsam in die Wüste tragen
Muß ich mein gequältes Herz,
Von den Glücklichen gemieden
Und den Fröhlichen ein Spott!
Schweres hast du mir beschieden,
Pythischer, du arger Gott!

Dein Orakel zu verkünden,
Warum warfest du mich hin
In die Stadt der ewig Blinden
Mit dem aufgeschloßnen Sinn?
Warum gabst du mir zu sehen,
Was ich doch nicht wenden kann?
Das Verhängte muß geschehen,
Das Gefürchtete muß nahn.

Und so weiter. Die kaum übertreffbare Biederkeit dieser Kassandra-Auffassung, die dem landläufig-spießigen Abscheu gegen Größe, besonders Größe bei einer Frau, nichts schuldig bleibt, ist sicherlich nicht nur Schillers Frauen-Wunschbild zu danken, sondern ebenso stark seinem Klassik-Ideal, das es nicht erlaubt, einer Heroine eine lange, widersprüchliche historische Entwicklung zuzumuten. Und da wäre ich wieder bei Goethes Müttern und des Mephisto Anweisung an Faust, von ihnen einen Dreifuß mit heraufzubringen.

Ein glühnder Dreifuß tut dir endlich kund,
Du seist im tiefsten, allertiefsten Grund.
Bei seinem Schein wirst du die Mütter sehn;
Die einen sitzen, andre stehn und gehn,
Wie's eben kommt. Gestaltung, Umgestaltung,
Des ewigen Sinnes ewige Unterhaltung,
Umschwebt von Bildern aller Kreatur;
Sie sehn dich nicht, denn Schemen sehn sie nur.
Da faß ein Herz, denn die Gefahr ist groß,
Und gehe grad auf jenen Dreifuß los,
Berühr ihn mit dem Schlüssel! – So ist's recht!
Er schließt sich an, er folgt als treuer Knecht;
Gelassen steigst du, dich erhebt das Glück,
Und eh sie's merken, bist mit ihm zurück.
Und hast du ihn einmal hierher gebracht,
So rufst du Held und Heldin aus der Nacht . . .

Der Dreifuß nun, mit dessen Hilfe Faust dann wirklich Helenas Erscheinung heraufbeschwört, ist ein uralter heiliger Gegenstand, wir sehen ihn auf kretischen Siegeln neben den Darstellungen ältester Göttinnen. Bei Kulthandlungen findet er Verwendung. Im Helena-Akt des »Faust« wird Phorkias-Mephisto ihn unter den Gegenständen aufzählen, die zur Vorbereitung eines Opfers gebraucht werden. Die berühmteste Orakelsprecherin Griechenlands, die Pythia in Delphi, hat bekanntlich auf einem Dreifuß gesessen, offenbar seit Urzeiten, nicht erst, seit der vielseitige Gott Apollon sich im Zuge der Patriarchalisierung auch der Kulte, auch der Mythen bemächtigte und dieses Heiligtum übernommen hatte: der erste Drachenbesieger. Mußte er doch den von der Gaia geborenen Drachen Python durch einen Pfeilschuß töten – was nichts anderes heißen kann, als die weibliche Genealogie der Orakelsprecherinnen zu entthronen (Vorläuferinnen der Kassandra), um seine männlichen, angeblich aus dem minoischen Kreta stammenden Orakelpriester zu installieren. Ganz zweifellos wurde dieser Apollon, Sohn der Leto, Bruder der Artemis (Phoibos, der Strahlende), aus den matriarchalischen Artemiskulten Kleinasiens allmählich herausentwickelt, sprang um 1000 vor unserer Zeitrechnung über Delos (wo er geboren sein soll, als Sohn des Zeus!) auf das griechische Festland über und schwang sich nicht nur zum höchsten, »klarsehendsten« Orakelgott, auch zum »Musageten«, dem Führer der Musen (wozu sein Attribut, die siebensaitige Lyra, ihn berechtigte) und zum »Moiragétes« auf, dem Führer der Moiren, der Schicksalsspinnerinnen, die ursprünglich, als »Moirai«, jene älteren weiblichen Verwandten gewesen sein sollen, die dem Neugeborenen als Hebammen ins Leben halfen und ihm in seine ersten Tücher jene magischen Kennzeichen webten, die ihn von anderen unterschieden; an denen er allen Verwandten, Clan-Angehörigen, kenntlich blieb – so wie in unzähligen Märchen der ausgesetzte Königssohn an einem Zeichen erkannt wird. Faszinierend die Verwandlung dieser Ahninnen in Schicksalsgöttinnen (als der Clan zum Stamm, dieser zum Königtum sich entwickelte); ihre Verwandtschaft mit den kretischen Erinnyen; ihr Übergehn in die Horen, die, da sie Gesetz und Ordnung, Frieden und Gerechtigkeit verkörpern, erst mit der Klassengesellschaft, mit der Bildung von Stadtstaaten aufgetaucht sind.

Noch Aischylos weiß, daß die Welt zu Anfang »von der Moiren Dreigestalt und der Erinnyen Treu« beherrscht wurde. Auch Zeus – der als Vorstellung erst aufkommen kann, als es ein in männlicher Erbfolge befestigtes Königtum gibt – konnte sich lange nicht über die Beschlüsse der älteren Schicksalsgöttinnen, der Moiren, hinwegsetzen. Parallel zum Prozeß der Staatenbildung unterliegen die alten Stammesgöttinnen den neuen, staatlich anerkannten Göttern. Und in diesen gleichen Jahrhunderten geschah es, daß aus dem Kult der Bergnymphe Daphnis (»Lorbeer«), die, von der Erdmutter Ge als Wahrsagepriesterin eingesetzt, in einer einfachen Hütte aus Lorbeerzweigen im 2. Jahrtausend vor unserer Zeit in Delphi ihren Dienst tat (die Zeit der »historischen« Kassandra!) – daß aus dem rein matriarchalischen Kult von Priesterinnen, die mit Chorgesang, Tanz, Opferritualen und Orakelsprecherei jeden wichtigen öffentlichen Anlaß ihres Clans, ihres Stammes begleiteten; daß aus einem späteren »Tempel aus Wachs und Federn«, der von Bienen gebaut worden sein soll (diesem Tier weiblicher Clans), schließlich im siebten Jahrhundert der erste große Bronzetempel in Delphi sich erhob, der, nun eindeutig dem Apoll geweiht, die »goldenen Sängerinnen« nur noch als Giebelfiguren getragen haben soll: sogenannte Keledonen, »rufende Frauen«, die einmal monatlich zu den Kreuzwegen ziehn und den Mond anrufen – ein Kult, der an Demeter und Artemis, die Schwester des Apoll, geknüpft ist . . .

Oben waren die Frauen in den Giebelfries des männlichen Gottes eingebaut. Unten aber, im Tempel selbst, saß die weissagende Pythia, die einzige Frau, die in dem sonst rein männlichen Orakelkult übriggeblieben war, und stieß, ein Medium nur noch in der Hand der mächtigen Priester – durch betäubende Dämpfe, durch Lorbeerkauen, vielleicht durch Autosuggestion oder Hypnose in Trance versetzt – stammelnd, sich windend ihre unzusammenhängenden Orakelworte aus, deren Deutung, deren zum Teil poetische Formulierung wiederum den Männern – Priestern, ersten Poeten – oblag. Das frühere Verhältnis: Männer identifizierten sich mit Frauen, ahmten mimetisch den Geburtsvorgang nach, entmannten sich, um Priester werden zu können (dies wird sogar von Apoll behauptet), schlichen sich in Frauenkleidern in das Priesterinnenamt (ebenfalls Apoll) – dieses Verhältnis ist nun mehr als umgekehrt, die Frau ein Werkzeug in der Hand der Männer. Am Dichter-, Seher-, Priesterberuf, der aus einer magischen Wurzel kommt, kann man am deutlichsten ablesen: Die Frau, einst Ausführende, ist entweder ausgeschlossen oder zum Objekt geworden.

Jahrhunderte sind darüber vergangen. An einer Nahtstelle dieser konfliktreichen Geschehnisse steht Kassandra. Tochter eines Königshauses, in dem die partrilineare Erbfolge gefestigt scheint, ohne daß deshalb die Königin, Hekabe, die, wie manche meinen, aus der matristischen Kultur der Lokrer kommt, schon zur Bedeutungslosigkeit herabgesunken wäre; in dem die Übergangsform des Prinzessinnenraubs durch den Freier (Paris–Helena), weil nur die Frau dem Manne den Thron übergeben konnte, durchaus noch bekannt ist. In dem die alten matriarchalischen Kulte neben den jungen Kulten der neuen Götter gepflegt werden mögen, besonders wohl von der ländlichen Bevölkerung, besonders von den niederen Volksschichten. In dem eine junge Frau Priesterin werden kann, kaum noch Oberpriesterin. In dem sie, von Gesichten übermannt, »Seherin« sein, als solche gelten kann, nicht aber offizielle Orakelsprecherin: Männer sind es, die aus dem Flug der Vögel, aus den Innereien der geopferten Tiere die Zukunft herauslesen: Kalchas, Helenos, Laokoon. Eine Kultur vielleicht, die der strikt patriarchalischen der mykenischen Achaier, ihrem strikten Eroberungswillen nicht gewachsen war. Vielleicht war Kassandra »in Wirklichkeit« – ich bitte Dich, kein Einwand, es gab sie! – gar keine Apollon-Priesterin? Oder jedenfalls die Priesterin eines anderen Apollon als des »strahlenden«, des »fernhintreffenden« aus dem klassischen griechischen Götterhimmel? Eines älteren Apoll, dem der Beiname »Loxias«, der Dunkle, zukam; dessen wölfische Herkunft, dessen Doppelgängertum mit der Zwillingsschwester Artemis den Leuten noch gegenwärtig war. Wie auch Athene, die in einem anderen Tempel der Stadt verehrt wird, nicht die klassische Pallas Athene gewesen sein kann, sondern ein Kult-Symbol auf dem Weg von den chthonischen Ahninnen-Idolen zur jungfräulichen Herrscher-Göttin, die keiner Mutter Schoß, sondern dem Haupte des Vaters Zeus entsprang: wie der Gedanke, dessen sich die Griechen-Männer – natürlich Intellektuelle – nun annehmen, um ihn in erstaunliche Höhen, in bewundernswerte Abstraktion zu treiben, und der ja auch keine Mutter hat, nur

Väter. Scheint es Dir abwegig, zu glauben, daß »das Denken«, hätten Frauen seit über zweitausend Jahren an ihm mitgedacht, heute ein andres Leben führen würde? (Zu leicht vergessen wir: Die Frau als Intellektuelle gibt es in nennenswerter Zahl erst seit sechzig, siebzig Jahren. Geschichten von ihr, über sie kennen wir, doch ihre Geschichte – eine Geschichte unglaublicher Anstrengung und Tapferkeit, aber auch unglaublicher Selbstverleugnung und Entsagung gegenüber den Ansprüchen ihrer Natur – wäre noch zu schreiben. Es wäre zugleich die Geschichte einer der Kehrseiten unserer Kultur.)

»Zurück zur Natur« also, oder, was manchen für das gleiche gilt, zu frühen Menschheitszuständen? Liebe A., das können wir nicht wollen. »Erkenne dich selbst«, der Spruch des delphischen Orakels, mit dem wir uns identifizieren, ist eine Losung Apolls; keiner Göttin einer undifferenzierten Epoche hätte dieser Satz einfallen können – nur daß dem Gott, der neben vielen anderen Beinamen auch den Namen »Hekatos«, der ewig Ferne, trägt, womit seine »strahlende Reinheit« und die »ewige Entfernung von den irdischen Dingen« gemeint ist – nur daß diesem Gott der edlen Geistesfreiheit, der von seiner Definition her mit der Erde nicht in Berührung kommt, die Selbsterkenntnis, nach der er strebt, verwehrt bleiben muß. Er erhält keine Gelegenheit, sich wirklich-praktisch zu erproben. Die dünnen Regionen, in die er, in die seine Jünger sich voll Berührungsangst zurückziehn – denkend, dichtend, ja –, die sind kalt. Sie brauchen nun Kunststückchen, um dem Kältetod zu entgehn. Eines dieser Stückchen ist ihr Bestreben, sich Frauen als Kraftquelle zu erschließen. Das heißt: Sie in ihre Lebens- und Denkmuster einzupassen. Sie, schlichter gesagt, auszubeuten.

Ich versage es mir nicht, zweieinhalbtausend Jahre überspringend, Dir ein paar Dialogsätze aus dem »Tiefseefisch« von Marie-Luise Fleißer abzuschreiben, zwischen Wollank, einem ehemaligen Fahrradstar, und Tütü, dem Haupt einer literarischen Clique. Zeit: Zwanziger Jahre. Ort: Die Reichshauptstadt Berlin.

Wollank: Furchtbar sind diese Frauen, die um Sie herumwimmeln und von denen jede in einer anderen Hilfeleistung erstirbt.

Tütü: Ich sehe nicht ein, warum ich nicht nehmen soll, was ich haben kann. Ich habe daraus ein System gemacht. Alles, was mich anregen kann, wird an mich herangetragen, ohne daß ich einen Finger rühren muß. Alle Kleinarbeit, welche die Nerven unnötig verschleißt, bleibt mir erspart.

Wollank: Fürchten Sie sich nicht davor?

Tütü: Wovor fürchten?

Wollank: Mann, Sie verkümmern dabei.

Tütü: Ganz im Gegenteil, ich entwickle mich rascher. Die Höhepunkte drängen sich in meinem Leben zusammen, so daß ich es intensiver erfahre. Meine Kräfte werden freigemacht für das Wesentliche . . . Meinen Instinkten, Einfällen, meinem Appetit auf das Tun kann ich mit ganzem Einsatz nachgehen.

Liebe A., glaubst Du, daß dies das objektive Denken ist, aus dem eine »objektive« Ästhetik entsteht? Sage Dir alle großen Namen der abendländischen Literatur auf, vergiß weder Homer noch Brecht, und frage Dich, bei welchem dieser Geistesriesen Du, als Schreibende, anknüpfen könntest. Wir haben keine authentischen Muster, das kostet uns Zeit, Umwege, Irrtümer; aber es muß ja nicht nur ein Nachteil sein. Wenige, sehr wenige Stimmen von Frauen dringen zu uns, seit um 600 vor unsrer Zeitrechnung Sappho sang:

> Der Mond ist untergegangen
> Und auch die Plejaden. Mitter-
> Nacht ist's; vorbei geht die Stunde.
> Ich aber schlafe allein.

oder:

> Einer preist die Reiter, ein andrer Fußvolk,
> Einer viele Schiffe als allerschönstes
> Gut der dunklen Erde, doch ich:
> wonach ein Liebender sich sehnt.

Zu jener Zeit war Lesbos eine der fünf Stätten in Griechenland, in denen es noch Schulen für Mädchen gab – Sappho stand einer von ihnen vor. Sie war eine selbständige berufstätige Frau. Das hörte dann auf. Nach der Seherin verstummte, die ihre Nachfolgerin war, die Dichterin, jahrtausendelang. Männer allein übernahmen das ehemals weibliche Amt, besangen den Mond, die Liebe, beklagten die fortschreitende Kälte der Welt, mußten sich, nicht selten, von ihren wirklichkeitsnäheren Geschlechtsgenossen »rührselig«, »sentimental«, »weibisch« schelten lassen,

»realitätsfremd« vor allem. Es wurde, glaube ich, immer schwerer, ein Mann zu sein. »Es ist gut, eine Frau zu sein, und kein Sieger« (Heiner Müller, »Quartett«), hören wir einige von ihnen heute glaubhaft sagen.

Andererseits: Nur wer Konflikte kennt, hat etwas zu erzählen. Der Chorgesang der Priesterinnen, ganz und gar eingebettet in den Jahresablauf einer wenig differenzierten Menschengruppe, ist ein Hymnos, erzählt wird da nichts. Erst als Besitz, Hierarchie, Patriarchat entstehn, wird aus dem Gewebe des menschlichen Lebens, das die drei Uralt-Frauen, die Moiren, in der Hand hatten, jener eine blutrote Faden herausgerissen, wird er auf Kosten der Gleichmäßigkeit des Gewebes verstärkt: die Erzählung von der Heroen Kampf und Sieg oder Untergang. Die Fabel wird geboren. Das Epos, aus den Kämpfen um das Patriarchat entstanden, wird *durch seine Struktur* auch ein Instrument zu seiner Herausbildung und Befestigung. Vorbildwirkung wird dem Helden auferlegt, bis heute. Der Chor der Sprecherinnen ist verschwunden, vom Erdboden verschluckt. Als Heroine kann die Frau nun Gegenstand der männlichen Erzählung werden. Zum Beispiel Helena, die, zum Idol erstarrt, in den Mythen überlebt.

»Bewundert viel und viel gescholten, Helena« – zum letzten Mal zitiere ich Dir den »Faust«, leider nicht die ganze Rede der Helena, die – zurück in Sparta, von wo aus Paris sie einst entführte, nach dem Fall der Feste Troia wieder in der Hand des Gatten Menelaos – sich selber nicht mehr kennt.

> Ihr habt in sittelosem Zorn,
> Unsel'ger Bilder Schreckgestalten hergebannt,
> Die mich umdrängen, daß ich selbst zum Orcus mich
> Gerissen fühle, vaterländ'scher Flur zum Trotz.
> Ist's wohl Gedächtnis? War es Wahn, der mich ergreift?
> War ich das alles? Bin ich's? Werd ich's künftig sein,
> Das Traum- und Schreckbild jener Städteverwüstenden?

Die Stationen ihrer Wanderschaft durch der Männer Betten werden memoriert, sie unbeteiligt, eine Sache, die man begehrt, verheiratet, entführt, umkämpft. Die Helena wird auf dem Theater immer falsch gespielt, die Regisseure sehen sie als die kokette Männerverderberin anstatt als Spielball; niemand liest, was Goethe sie selbst sagen läßt, und niemand scheint zu glauben, daß dies sein (und ihr) Ernst ist. Der letzte, der sich »inbrünstig« noch zu ihr gesellt hat, Achill.

Helena: Ich als Idol ihm dem Idol verband ich mich.

Es war ein Traum, so sagen ja die Worte selbst.

Ich schwinde hin und werde selbst mir zum Idol.

Idol von griechisch »eidolon« = Bild. Das lebendige Gedächtnis wird der Frau entwunden, ein Bild, das andre von ihr sich machen, wird ihr untergeschoben: der entsetzliche Vorgang der Versteinerung, Verdinglichung am lebendigen Leib. Zu den Sachen gehört sie nun, zu den Res mancipi – wie Hauskinder, Sklaven, Grundstücke, Großvieh –, die der Besitzer durch die Mancipatio, ein Rechtsgeschäft, einem anderen überantworten kann, der sie seinerseits »manū capere«, mit der Hand erfassen, der Hand auf sie legen kann. Die Emancipatio aber, die Entlassung aus der Gewalt des Pater familias, war lange nur für Söhne vorgesehen, und als das Wort endlich, als »Emanzipation«, auf Frauen angewendet wurde (heute noch häufig pejorativ: Du bist wohl eine Emanze?), da hat man – und Frau – diesen Begriff, dessen revolutionärer, radikaler Sinn störte und stört, im Sinn von »Gleichberechtigung« gebraucht, heruntergespielt und miß-verstanden.

Nun, liebe A., dies ist ein weites Feld, doch bis zu seinem Rande mußten wir wohl kommen, wenn wir uns von dem Stichwort »Kassandra« leiten ließen. Ahnt man, ahnen wir, wie schwer, ja, wie gefährlich es sein kann, wenn wieder Leben in die »Sache« kommt; wenn das Idol sich wieder zu fühlen beginnt; wenn »es« die Sprache wieder findet? Als Frau »ich« sagen muß? Ein generationenbreites Gelände, in dem die schreibende Frau beinah oder wirklich noch verlorengeht: an den Mann, an die Männer-Institutionen, Verbände, Kirchen, Parteien, Staat. Wir haben Augen- und Ohrenzeugenprotokolle, wie sie da miteinander reden. Nehmen wir den Mann Elnis, wieder aus dem »Tiefseefisch« der Fleißer, wie er zu der Frau Ebba spricht: Eine Frau, die einen Mann lieb hat, bringt alles fertig. – Innerlich bin ich so zart. – Meine Leiden sind deine Leiden. Wir sind ein Leib und ein Fleisch. – Du sollst keinen Willen haben. Du sollst nicht mehr da sein. Aufsaugen will ich dich doch. – Du mußt ganz hörig werden von mir und ich muß ganz hörig werden von dir. – Ich habe dich mir gegriffen wie ein Tier sein Weibchen stellt. Ich verteidige meine Beute. Ich werde so scharf über dich nachdenken, daß es dich an meine Seite bannt. – Du wirst vergessen, daß du geopfert wirst. – Ich bin ein Zauberer. – Du mußt mir blind vertrauen. Natürlich geht es nicht, wenn ich jemand neben mir habe, der zweifelt. – Mach ein Ende mit dir, wenn du dir leid tust. Häng dich auf, geh ins Wasser! Dann ist eine weniger. – Ich werde noch einen Menschen aus dir machen.

Und was sind, in diesem verlorenen Gelände, die Sätze der Frau? Was kann sie diesem an sich selber kranken Mann entgegenhalten? Etwas wie dies: Ich finde mich in meinem Dasein nicht mehr zurecht. Bin ich kein Mensch, der was spürt? – Du wirst nicht hörig, du nicht. – Es ist furchtbar. – Du würdest die Menschen nicht schinden, wenn du nicht schön wärest. – Ich bin eine Natur, die voraussieht. Ich kann mir was versagen. – Immer muß ich den Abgrund sehn. Ich könnte mir die Augen aus dem Schädel krallen. – Ich will ja anders werden. – Seine Augen klagen mich an. Ich könnte mich von der Erde vertilgen.

Gegen solche Sätze, liebe A., das weißt Du so gut wie ich, läßt sich nicht argumentieren – etwa mit anderen Sätzen, die mit einem »Aber« anfangen. Ich behaupte, daß jede Frau, die sich in diesem Jahrhundert und in unserem Kulturkreis in die vom männlichen Selbstverständnis geprägten Institutionen gewagt hat – »die Literatur«, »die Ästhetik« sind solche Institutionen –, den Selbstvernichtungswunsch kennenlernen mußte. In ihrem Roman »Malina« läßt Ingeborg Bachmann die Frau am Ende in der Wand verschwinden und den Mann, Malina, der ein Stück von ihr ist, gelassen aussprechen, was der Fall ist: Hier ist keine Frau.

Es war Mord, heißt der letzte Satz.

Es war auch Selbstmord.

Liebe A., ich habe Dir angekündigt, daß das Thema, um das meine Gedanken kreisen, sich schwer begrenzen läßt. Trotzdem, ich werde mich nicht hinreißen lassen, über »die Lage der Frau« zu sprechen, Beobachtungen auszuführen, aus Briefen zu zitieren. Dies müßte wohl einmal geschehen, und sei es, um zu legitimieren, was Frauen über Frauen und über sich selber schreiben und was Kritiker nicht wahr haben wollen. Ich sehe natürlich, daß dieser Legitimierungswunsch immer noch mit der Zwangsidee, sich anpassen oder verschwinden zu müssen, zusammenhängt; auch, daß er zusammenhängt mit der Indoktrination durch den Ästhetikbegriff, dem wir unterliegen und der nun allerdings hier zur Diskussion steht. Da kommt, nach diesen beinah dreitausend Jahren Stummsein, sporadischen Sprechens höchstens, eine Frau, um zu sagen: Ich sammle nur die Geschichten, die nicht bekanntwerden, und nur Geschichten mit letalem Ausgang. – »Todesarten.« – Liebe A., ich kann es nicht beweisen – für einzelne wohl, aber was beweist der einzelne Fall für eine so summarische Behauptung, wie ich sie hier ruhig einmal aufstellen will: Die Ästhetik, soweit sie ein Gattungs- und Regelwerk, und besonders, wo und wenn sie bestimmte Anschauungen über den Gegenstand der verschiedenen Gattungen, also die »Wirklichkeit« vertritt (die, ich merke es selbst, aber kann mir nicht helfen, immer häufiger zwischen meine Anführungsstriche gerät): die Ästhetik, sage ich, ist, wie Philosophie und Wissenschaft, mindestens im gleichen Maß, zu dem Zweck erfunden, sich Wirklichkeit vom Leib zu halten, sich vor ihr zu schützen, wie zu dem Ziel, der Wirklichkeit näherzukommen. Meinst Du, die Bachmann wußte nicht, wie Goethe, Stendhal, Tolstoi, Fontane, Proust und Joyce Romane schrieben? Oder sie hätte nicht voraussehn können, auf welche Art entgeistert ein Gebilde wie das, was sie als »Roman« unter die Leute brachte, an allen irgend dafür zuständigen ästhetischen Regeln und Kategorien – auch wenn man sie weitherzig auslegte, doch! – vorbeirauschen mußte und, von keinem einzigen noch so dünnen Netz gefangen, direkt zu Boden zu gehen? »Madame Bovary bin ich«, das hat bekanntlich Flaubert gesagt, und wir bewundern dieses Wort seit mehr als hundert Jahren, und wir bewundern Flauberts Tränen, als er die Bovary sterben lassen muß, und seinen wunderbaren glasklar kalkulierten Roman, den er trotz der Tränen schreiben konnte, und sollen und werden ja auch nicht aufhören mit der Bewunderung. Aber Flaubert *war* ja eben nicht Madame Bovary, das ist doch letzten Endes auch bei all unserm guten Willen und Wissen um die geheime Verwandtschaft zwischen Autor und Kunstfigur nicht vollständig zu übersehen.

Die Bachmann aber *ist* jene namenlose Frau aus Malina, sie *ist* jene Franza aus dem Romanfragment, die ihre Geschichte einfach nicht in den Griff, nicht in die Form kriegt. Die es einfach nicht fertigbringt, aus ihrer Erfahrung eine präsentable Geschichte zu machen, sie als Kunstgebilde aus sich herauszustellen. Talentmangel? Der Einwand entfällt, jedenfalls an diesem Beispiel. Es ist allerdings schwer begreiflich, daß ihr Rang als Künstlerin sich eben auch darin offenbart, daß sie die Erfahrung der Frau, die sie ist, nicht in »Kunst« ertöten kann. Ein Paradox, o ja. »Authentisch« – auch so ein Wort aus der Kunstsprache – nur sein können, indem sie auf den Abstand, den bestimmte Formen geben, verzichtet. Eine Besessenheit muß Worte finden, die sich an das Ritual, das bändigt, nicht halten kann, die sich an nichts halten kann, ungebändigt ist, wild. Eine wilde Frau, man kann nur ratlos die Arme heben; eine andre Art Logik (sie, die wie kaum eine das männliche Denken des Wenn-dann, Weil-darum, Sowohl-als-auch kennt), eine andre Art, Fragen zu stellen (nicht mehr das mörderische: Wer-wen?), eine andre Art Stärke, eine andre Art Schwäche. Andre Freundschaft, andre Gegnerschaft; da stürzen, wohin man blickt, wo man eine Seite aufschlägt, die Alternativen, die unsre Welt, die auch die Lehre vom Schönen und die von der Kunst, bisher gehalten und zerrissen haben, in sich zusammen, eine neue Art Spannung scheint da um Ausdruck zu ringen, in Entsetzen und Angst und in schlotternder Verstörtheit. Nicht einmal der Trost, daß dies noch formbar wäre; nicht im herkömmlichen Sinn.

»Dies«? Was denn? Das Opfer, das seiner Opfer-Funktion inne-wird und den Dienst im Ritual verweigert, dessen Ekstase, da es den Schlächter verkannt, ihn geliebt und für den Geliebten gehalten hat, gleichwohl selbstzerstörerisch sein kann. Das Opfer, das ausbricht, anstatt das Angebot des Geliebten anzu-nehmen, ihm gleich, seine Mitarbeiterin zu werden; dabei aber möglichst anonym, in jedem Fall: Objekt zu bleiben. – Wodurch konnte sie so zerstört werden?, das ist die Frage, die im Franza-Fragment der Bruder sich stellt, das einzige männliche, das einzige menschliche Wesen, das die verstörte Schwester um Hilfe anrufen kann; es ist, soweit ich sehen kann, die den Stoff organisierende Frage, die aber leider, ja: leider, nicht objektiv, nicht auf alte oder neue, auch auf die allermodernste Romanweise nicht, zu beantworten ist. Keiner von beiden, nicht die zum Tode kranke Schwester, nicht der Bruder, der soviel begreift, daß er an ihrer Seite bleiben muß – keiner von beiden wird bis zum Ende klipp und klar Bescheid geben können – nicht in den Worten jedenfalls, die uns zur Verfügung stehen. Und auch wir werden eher einen Schrecken erfahren als eine Antwort, oder sollen wir darauf gestoßen werden, daß dieser Schrecken für diese unsre Zeit die Antwort ist, namenloses Entsetzen, und daß wir – Männer und Frauen – nicht fortschreiten, uns nicht lossprechen, uns nicht emanzipieren werden, wenn wir dieses Entsetzen nicht durchleben, wenn wir uns um dieses Grauen herumdrücken wollen?

»Es ist nur schwer zu erzählen«, heißt es einmal, in Atemnot, und was dann, aus »Worten, die es nicht gibt«, und »aus Worten, die es gibt, weil auf ihnen insistiert wird«, was ja dann doch erzählt, zusammengetragen, miteinander verwoben wird, ist ein Gewebe aus den merkwürdigsten, zum Teil weit hergeholten Fäden, man kann es ahnen, wenn zwei Zeilen aus dem Gedicht »Isis und Osiris« von Musil zwischen den Geschwistern als Erkennungs- und Losungswort, auch als Versicherung unbedingter gegenseitiger Verläßlichkeit angeschlagen werden:

Unter hundert Brüdern dieser eine,
und er aß mein Herz, und ich das seine.

»*Aller* hundert Brüder« heißt es bei Musil, und wer sich der Geschichte des ägyptischen Geschwisterkönigspaares erinnert, der Geschichte der Ausbreitung ihres Kults, der Bedeutung des rituellen »Essens« von Körperteilen menschlicher Opfer, der wird keine Bruder-und-Schwester-Idylle erwarten können. Und doch ist ihr Zusammensein, ihr brüderliches, schwesterliches Aufeinandereingehn, Einanderverfehlen die Gegenwart, die und in der erzählt wird, während das ganz andere, das Wahnsinnig-machende, Unerträgliche, doppeldeutig »Jordanische Zeit« geheißen, nicht miterlebt, höchstens, und auch das nicht gleich, nicht immer, erinnert werden kann. Professor Jordan, mit dem Franza verheiratet war, der berühmte Psychiater, eine höhere Moral, eine Instanz, ein Maßstab, den sie zu dem ihren machen wollte: Dies ist, in allen mir bekannten Systemen, genau der

Punkt, an dem die Emanzipation der Frau haltzumachen hat –
vor dem Zweifel an diesem Axiom. Der Mann, dem sie sich ergab
(»Was für eine Schande!«), »konnte keinen Menschen verlängert
sehen, über die Grenze hinaus, die er ihm setzte«. »Warum bin
ich so gehaßt worden, nein, nicht ich, das andere in mir.« Er hat
auch sie, wie alle Menschen, zerlegt, sie war unwissendes Objekt
in einem »diabolischen« Versuch, »du sagst Faschismus, das ist
komisch, ich habe das noch nie gehört als Wort für ein privates
Verhalten«, aber »irgendwo muß es ja anfangen«, »ja, er ist böse,
auch wenn man heute nicht böse sagen darf, nur krank«, »er muß
verrückt sein. Und es gibt niemand, der vernünftiger wirkt« . . .
»Ich war, von der Gesellschaft separiert, mit einem Mann, in
einem Dschungel, inmitten der Zivilisation, und ich sah, daß er
gut bewaffnet war und daß ich keine Waffen hatte.« Er ließ sie die
Notizen sehen, die er über sie machte, ein wissenschaftlicher
Voyeur, so wie es die vielen Voyeurs unter Künstlern gibt. »Er
hetzte mich hinein in einen Fall«, in das, was sie (und gewiß auch
er) ihr »Gehabe« nennt, Zwänge, denen sie mehr und mehr
unterliegt, für die es, wie für alles in dieser Zivilisation, »Redens-
arten« gibt, wissenschaftliche Benennungen, die sie, wie alles,
was der Intellekt des weißen Mannes ihr aufzwingen wollte, nun
abwirft. »Ich rede über die Angst. Schlagt alle Bücher zu, das
Abrakadabra der Philosophen, dieser Angstsatyrn, die die Meta-
physik bemühen und nicht wissen, was die Angst ist.«
Welchen Stellenwert, frage ich Dich nun, hat die Angst – nicht
die Angst in den Lehrbüchern der Psychiatrie, die nackte, blanke
Angst, mit der eine gliederschlotternd und schlaflos allein ist, die
keiner ihr glaubt: Welchen Stellenwert hat diese Angst, die
andauert, in den Lehrbüchern der Werke-Ästhetik, in denen es ja
um Selbst- und Stoffbeherrschung geht?
Die Frau, die sich Franza nennt, muß erkennen, daß sie koloni-
siert wurde. »Ich bin von niedriger Rasse, . . . er ist das Exem-
plar, das heute regiert, das heute Erfolg hat, das von heutiger
Grausamkeit (ist), das angreift und darum lebt.« Sie hätte es
wissen können, aber da sie so lange ausgeschlossen war von
seinen Tätigkeiten, trifft es sie, wenn sie nun als seine Kollegin,
Mitarbeiterin, Partnerin – Rivalin, Konkurrentin auf den Plan
tritt, doch unvorbereitet. Folgen jene Schlüsselsätze, die alle jene

Frauen, von denen ich heute gesprochen habe – Seherin, Dichterin, Priesterin, Idol, Kunstfigur – zusammenbringen:

» Man kann nur die wirklich bestehlen, die magisch leben, und für mich hat alles Bedeutung . . . In Australien wurden die Ureinwohner nicht vertilgt, und doch sterben sie aus, und die klinischen Untersuchungen sind nicht imstande, die organischen Ursachen zu finden, es ist eine tödliche Verzweiflung bei den Pauas, eine Art des Selbstmords, weil sie glauben, die Weißen hätten sich aller ihrer Güter auf magische Weise bemächtigt . . .

Er hat mir meine Güter genommen. Mein Lachen, meine Zärtlichkeit, mein Freuenkönnen, mein Mitleiden, Helfenkönnen, meine Animalität, mein Strahlen, er hat jedes einzelne Aufkommen von all dem ausgetreten, bis es nicht mehr aufgekommen ist. Aber warum tut das jemand, das versteh ich nicht . . . «

Die magischen Zutaten ihrer Welt, das sind zugleich die wirklichsten. Und indem sie diese Zutaten hereinholt in ihr Erzählen, in jenen Kapiteln, die magische, urgeschichtliche Welten heraufbeschwören, in Ägypten, in den durch die Weißen der Magie beraubten Grabkammern, ja, selbst bei ihrem fast magischen Tod durch Erschrecken, ihr zugefügt von einem, der selber krank ist, der das Zu-Tode-Erschrecken der Frau braucht: der Wiederholungsfall, an dem sie stirbt; indem sie, sag ich, ihre unvernünftige, tödliche Trauer mit Worten umkreist, deren magische Bedeutung unverkennbar ist, nähert sie sich einer anderen Art zu erzählen. Die Weißen, sie sollen verflucht sein, das sind Franzas letzte Worte, und ich, liebe A., und Du wohl auch, wir glauben an die Wirkung solchen Fluchs und müssen alles tun, daß er aufgehoben werde. Schreibend, ja, aber wie denn unter dieser glühenden Vernunft-Sonne, in diesem rigoros bewirtschafteten, vermessenen und enträtselten Gelände, unsrer Güter beraubt, darunter unsrer Worte, die bannen könnten. Auch dies eine Frage, der sich nur weiter fragend näherkommen läßt. Wenn wir nur Zeit gewönnen. Was sagt Kassandra heute, verspottet natürlich, ungehört, für unnormal erklärt, ausgesetzt, dem Tod überantwortet? Sie sagt:

» Die Weißen kommen. Die Weißen gehen an Land. Und wenn sie wieder zurückgeworfen werden, dann werden sie noch einmal wiederkommen, da hilft keine Revolution und keine Resolution

und kein Devisengesetz, sie werden mit ihrem Geist wiederkom-
men, wenn sie anders nicht mehr kommen können. Und auferste-
hen in einem braunen oder schwarzen Gehirn, es werden noch
immer die Weißen sein, auch dann noch. Sie werden die Welt
weiter besitzen, auf diesem Umweg.«

Literaturnachweise

Antike Literatur in deutscher Übersetzung

Dichtung der Antike in klassischen und neuen Übersetzungen in 11 Bänden, in Verbindung mit Reinhard Buchwald herausgegeben von Hans Kleinstück und Siegfried Müller, Weimar 1959.
Dort vor anderen: Orestie des Aischylos, übertragen von J. G. Droysen

Aischylos: Die Orestie. Eine freie Übertragung von Walter Jens. München 1981 (dtv Weltliteratur 2086)

Die Orestie, in der Übertragung von Peter Stein. Antikeprojekt II. der Schaubühne am Lehniner Platz. West-Berlin 1980

Agamemnon nach Aischylos, von Gerhard Kelling. Verlag der Autoren Frankfurt a. M. (Bühnenmanuskr.)

Euripides: Werke in 3 Bänden. Bibliothek der Antike, Griechische Reihe. Berlin und Weimar 1979. Dort vor anderen: Die Troerinnen, übertragen von Dietrich Ebener

Die Troerinnen des Euripides in einer Bearb. von Jean-Paul Sartre, deutsch von Hans Mayer. Reinbek b. Hamburg o. J.

Homer: Ilias, in der Übertragung von J. H. Voss. Leipzig o. J. (Reclam Nr. 249)

Odyssee, in der Übertragung von J. H. Voss (siehe Dichtung der Antike)

Aristoteles: Poetik, Griechisch-deutsch, übers. v. Walter Schönherr. Leipzig 1979 (Reclam Nr. 82)

Herodot: Das Geschichtswerk des Herodotos von Halikarnassos, übertragen von Theodor Braun. Leipzig 1964

Sappho: Strophen und Verse, übers. und hrsg. v. Joachim Schickel. Frankfurt a. M. 1978 (insel taschenbuch 309)

Übertragungen von Dietrich Ebener in: Griechische Lyrik, Bibliothek der Antike. Berlin u. Weimar 1980

Übertragung von Zoltan Franyó und Peter Gan in: Frühgriechische Lyriker (3 Teile), 3. Teil der Schriftenreihe Schriften und Quellen der Alten Welt. Hrsg. vom Zentralinstitut für Alte Geschichte und Archäologie der Akademie der Wissenschaften der DDR. Berlin/DDR 1981

Gustav Schwab: Die schönsten Sagen des klassischen Altertums nach seinen Dichtern und Erzählern, 2 Bde., Leipzig 1965

Deutsche Autoren

Bachmann, Ingeborg: Werke I–IV. München/Zürich 1978
Droste-Hülshoff, Annette v.: Werke u. Briefe. Leipzig 1976
Fleißer, Marie Luise: Gesammelte Werke in 3 Bd. Frankfurt a. M. 1972
Goethe, Johann Wolfgang v.: Berliner Ausgabe i. 22 Bd. Berlin u.
    Weimar 1965 folg. J.
Kirsch, Sarah: Erdreich. Gedichte. Stuttgart 1982
Musil, Robert: Isis und Osiris, zitiert nach Rolf Schneider: Die proble-
    matisierte Wirklichkeit. Berlin/DDR 1975
Schiller, Friedrich v.: Sämtliche Werke in 12 Bd., Bibliogr. Anstalt,
    Berlin o. J.

Sekundärliteratur

Griechenland. (Die blauen Führer) Molden Verlag, Wien/München/
    Zürich/Salzburg 1978
Lexikon der Antike. VEB Bibliographisches Institut Leipzig. Leipzig
    1979
Troja und Thrakien. Katalog einer Ausstellung im Museum für Ur- und
    Frühgeschichte der Staatl. Museen zu Berlin/DDR 1981
Kulturgeschichte der Antike. Autorenkollektiv u. Ltg. v. Reimar Mül-
    ler. Berlin/DDR 1977
Griechische Geschichte. Autorenkollektiv u. Ltg. von Heinz Kreissig.
    Berlin/DDR 1981
Bachofen, Johann Jakob: Das Mutterrecht. Auswahl, hrsg. v. Hans-
    Jürgen Heinrichs. Frankfurt a. M. 1978
Materialien zu Bachofens »Das Mutterrecht«, hrsg. v. H.-J. Heinrichs.
    Frankfurt a. M. 1975
Bannert, Herbert: Homer. Reinbek b. Hamburg 1977
Barthes, Roland: Mythen des Alltags. Frankfurt a. M. 1981
Beltz, Walter: Gott und die Götter, Biblische Mythologie. Berlin/DDR
    1982
Beltz, Walter: Sehnsucht nach dem Paradies, Mythologie des Korans.
    Berlin/DDR 1979
Beltz, Walter: Das Tor der Götter, Altvorderasiatische Mythologie.
    Berlin/DDR 1978
Blumenberg, Hans: Arbeit am Mythos. Frankfurt a. M. 1981
Borneman, Ernest: Das Patriarchat. Reinbek b. Hamburg 1980
Bovenschen, Silvia: Die imaginierte Weiblichkeit. Frankfurt a. M. 1979
Chadwick, John: Die mykenische Welt. Stuttgart 1979

Dekopoulos, J. (Hrsg.): Korinth-Mykene-Nauplia-Tiryns-Epidauros. Athen o. J.

Denel, Leo: Das Abenteuer Archäologie. München 1977

Devereux, Georges: Baubo – Die mythische Vulva. Frankfurt a. M. 1981

Doumas, Christos G.: Santorin. Athen o. J.

Engels, Friedrich: Ursprung der Familie, des Privateigentums und des Staats, Berlin/DDR 1953

Eliade, Mircea: Schamanismus und archaische Ekstasetechnik. Frankfurt a. M. 1980

Faure, Paul: Kreta – Das Leben im Reich des Minos. Stuttgart 1976

Fester, Richard, u. a.: Weib und Macht. Frankfurt a. M. 1980

Fränkel, Hermann: Dichtung und Philosophie des frühen Griechentums. München 1962

Freud, Sigmund: Totem und Tabu. Frankfurt a. M. 1981

Fromm, Erich: Märchen, Mythen, Träume. Reinbek b. Hamburg 1981

Fuhrmann, Manfred: Hrsg.: Terror und Spiel. Probleme der Mythenrezeption. München 1971

Sir Galahad: Mütter und Amazonen. West-Berlin o. J. (Ullstein Sachbuch 34044)

Geiss, Hein: Reise in das alte Knossos. Leipzig 1981

Guvussis, K. (Hrsg.): Athen. Athen o. J.

Gould Davis, Elisabeth: Am Anfang war die Frau. München 1980

Grimal, Pierre (Hrsg.): Mythen der Völker, Bd. I–III. Frankfurt a. M./Hamburg 1976

Göttner-Abendroth, Heide: Die Göttin und ihr Heros. München 1982

Gulian, C. J.: Mythos und Kultur. Frankfurt a. M. 1961

Hammes, Manfred: Die Amazonen. Frankfurt a. M. 1981

Heinsohn, Gunnar: Über die »heiße« Venus, das dunkle Zeitalter Griechenlands und das Zittern im akademischen Lehrgebäude. Leben und Forschungen Immanuel Velikovskys. In: »Freibeuter« 2, West-Berlin 1979

Heise, Wolfgang: Zur Krise des Klassizismus in Deutschland, in: Hellenische Poleis. Berlin/DDR 1973

Herbert, Zbigniew: Im Vaterland der Mythen. Frankfurt a. M. 1975

Himmelmann, Nikolaus: Utopische Vergangenheit. West-Berlin 1976

Kaschnitz, Marie Luise: Griechische Mythen. Hamburg/Düsseldorf 1979

Kehnscherper, Günther: Kreta – Mykene – Santorin. Leipzig/Jena/Berlin 1973

Kerényi, Karl: Die Mythologie der Griechen, 2 Bde., München 1977

Kerényi, Karl/Mann, Thomas: Gespräche in Briefen. München 1967

Kirk, G. S.: Griechische Mythen. West-Berlin 1980

König, Marie E. P.: Am Anfang der Kultur. Frankfurt a. M./Berlin/Wien 1981

Kollesch/Nickel (Hrsg.): Antike Heilkunst. Leipzig 1981

Kott, Jan: Gott – Essen. Interpretationen griechischer Tragödien. München 1975

Kreißig, Heinz: Geschichte des Hellenismus. Berlin/DDR 1982

Ledergerber, Karl: Kassandra. Das Bild der Prophetin in der antiken und insbesondere in der älteren abendländischen Dichtung. Inauguraldissertation d. Philos. Fak. der Universität Freiburg 1941

Leroi Gourhau, André: Die Religionen der Vorgeschichte. Frankfurt a. M. 1981

Logiadou, Sosso: Knossos. Athen 1978

Matz, Friedrich: Kreta, Mykene, Troja. Stuttgart 1956

ders., Kreta im frühen Griechenland. Baden-Baden 1974

Mauss, Marcel: Soziologie und Anthropologie. München 1974

Meillassoux, Claude: »Die wilden Früchte der Frau«. Frankfurt a. M. 1976

Melas, Evi: Die griechischen Inseln. Köln 1976

Moritz, Karl Phillipp: Götterlehre. Leipzig 1966

Müller, Reimar: Der Humanismus in der griechischen Klassik. Wiss. Zeitschr. d. Fr.-Schiller-Univ. Jena. Gesellschafts- u. Sprachwiss. Reihe 21. 1972

Müller-Karpe, Hermann: Geschichte der Steinzeit. München 1976

Mumford, Lewis: Mythos der Maschine. Wien 1974

Musiolek, Peter/Schindler, Wolfgang: Klassisches Athen. Leipzig 1980

Papastamos, Demetrios: Epidauros. Athen 1979

Pars, Hans: Göttlich aber war Kreta, Olten 1937

Platon, Nicolas: Kreta. Genf 1966

Prause, Gerhard: Menschenopfer bei den Minoern. In: »Die Zeit«, Nr. 17 v. 24. 4. 1981

Ranke-Graves, Robert v.: Griechische Mythologie. Quellen und Deutung. 2 Bde., Reinbek b. Hamburg 1960

ders.: Die weiße Göttin. Berlin 1981

Rentmeister, Cillie: Die Quadratur des Kreises. Die Machtergreifung der Männer über die Bauformen. In: »Bauwelt« 31/32, 1978

dies.: Das Rätsel der Sphinx. Matriarchatsthesen und die Archäologie des nicht-ödipalen Dreiecks. In: Weiblich-Männlich. West-Berlin 1980

dies.: Berufsverbot für die Musen. In: Frauen und Wissenschaft. West-Berlin 1977

Róheim, Géza: Die Panik der Götter. München 1975

Roscher, W. H.: Lexikon der griechischen und römischen Mythologie, Bd. II. Hildesheim 1865

Sakellarakis, J. A.: Museum Heraklion. Athen 1979

Samuel, Pierre: Amazonen – Kriegerinnen und Kraftfrauen. München 1979

Schachermeyr, Fritz: Die minoische Kultur des alten Kreta. Stuttgart 1964

Schliemann, Heinrich: Mykenä. 1878

ders.: Troja. 1884

Dazu:

Stoll, H. A.: Der Traum von Troja. Berlin/DDR 1966

ders. (Hrsg.): Heinrich Schliemann, Abenteuer meines Lebens. Selbstzeugnisse. Berlin/DDR 1959

Schwab, Gustav: Kampf um Troja. Berlin 1981

Seemann, Otto: Mythologie der Griechen und Römer. Leipzig 1868

Steuerwald, Hans: Weit war sein Weg nach Ithaka. Frankfurt a. M. 1981

Theweleit, Klaus: Männerphantasien. Reinbek b. Hamburg 1981

Thomson, George: Frühgeschichte Griechenlands und der Ägäis. Berlin/DDR 1980

Thomson, George: Aischylos und Athen. Berlin/DDR 1957

Trencsényi-Waldapfel, Irene: Die Töchter der Erinnerung. Berlin 1979

Vandenberg, Philipp: Das Geheimnis der Orakel. Leipzig 1981

Velikovsky, Immanuel: Welten im Zusammenstoß. Frankfurt a. M. 1978

Dr. Vollmers's Wörterbuch der Mythologie aller Völker. Stuttgart 1874

Voutsas, C. (Hrsg.): Archäologisches Nationalmuseum Athen. Athen 1979

Westheim, Paul (Hrsg.): Die Kunst der Hethiter. Orbis pictus, Bd. 8. Berlin o. J.

Weimann, Robert: Literaturgeschichte und Mythologie. Berlin/Weimar 1974

Wunderlich, H. G.: Wohin der Stier Europa trug. Reinbek b. Hamburg 1976

Zanot, Mario: Die Welt ging dreimal unter. Reinbek b. Hamburg 1978

Zinser, Hartmut: Der Mythos des Mutterrechts. Frankfurt a. M., Berlin/Wien 1981

Zinserling, Gerhard: Abriß der griechischen und römischen Kunst. Leipzig 1982